U0153101

案例式

票據法

林洲富 | 著

五南圖書出版公司 印行

自序

PREFACE

　　票據是支付工具，故票據法制度之設計及運作，其最高之指導原則，在於助長票據之流通，有效發揮票據之經濟效用，具有匯兌效用、信用效用及支付效用。票據法為商事法之一環，其為民事特別法，作者試以案例之方式，說明與分析票據法之原理原則，將票據法理論轉化成實用之學科，俾於有志研習者易於瞭解，期能增進學習效率。準此，茲將拙著定名為「票據法——案例式」。若本書有疏漏與不足處，敬祈各界賢達不吝指正。

林洲富　謹識
2021年10月11日於智慧財產及商業法院

目錄 CONTENTS

第一章

通　則

關鍵詞：發票、背書、文義性、無因性、追索權、有價證券、付
　　　　款請求權、利益償還請求權

研讀票據法通則之重點，在於瞭解票據之概念、票據行為、票據之法律關係、票據權利。本章計有8則例題，用以分析票據法之原理與其適用。

第一節　票據之概念

案例1

> 甲積欠乙新臺幣（下同）688萬元之借款，其簽發面額888萬元之本票與乙，作為清償借款用途，乙背書轉讓於丙。試問：（一）丙向甲請求給付888萬元，甲抗辯稱丙僅得請求688萬元，甲之抗辯是否有理？（二）甲抗辯該本票未載發票日，其為無效之本票，故不負發票人之責任，甲之抗辯是否有理？

案例2

> 甲種存戶簽發支票委託銀行或信用合作社或財政部核准辦理支票存款業務之農會或漁會。試問於見票時無條件付款與受款人或執票人，存戶與銀行業者間，發生何種法律關係？

壹、票據之定義

一、有財產價值之私權證券

所謂票據者（commercial paper），係指當事人於約定之期日、地點，無條件支付一定金額之有價證券。有價證券（negotiable security）為表彰具有財產價值之私權證券，其權利之發生，必須作成證券；權利之移轉，必須交付證券；而權利之行使，須提示證券。

二、有價證券

票據係完全之有價證券，係表彰具有財產價值之私權證券，其權利之發生、移轉或行使，均與票據具有不可分離之關係，執有票據者，始得主張該票據上所表彰之權利。故主張票據債權之人，應執有票據，倘其未執有票據，不問其原因為何，均不得主張該票據權利[1]。

貳、票據之種類

一、匯票

所謂匯票者（draft），係指發票人（drawer）簽發一定之金額，委託付款人於指定之到期日，無條件支付與受款人或執票人之票據（票據法第1條、第2條）。例如，郵局匯票。

二、本票

所謂本票者（promissory note），係指發票人簽發一定之金額，而於指定之到期日，由自己無條件支付與受款人或執票人之票據（票據法第1條、第3條）。

三、支票

所謂支票者（check），係指發票人簽發一定之金額，委託金融業者於見票時，無條件支付與受款人或執票人之票據（票據法第4條第1項）[2]。所稱金融業者，係指經財政部核准辦理支票存款業務之銀行、信用合作社、農會及漁會（第2項）。支票之付款人，以第4條所定之金融業者為限（票據法第127條）[3]。因公庫支票之付款人為公庫，並非銀行、信用合作社、農會及漁會，是公庫支票非票據法上之支票，而僅為指示證券之一種[4]。

---

[1] 最高法院82年度台上字第2619號民事判決。
[2] 最高法院97年度台簡上字第6號民事判決。
[3] 最高法院106年度台上字第988號民事判決。
[4] 最高法院72年度台上字第4484號民事判決。

參、票據之性質

一、設權證券

　　所謂設權證券，係指證券所代表之權利本來不存在，而是隨著證券之製作而產生，其權利之發生是以證券之製作與存在為條件。故票據之權利義務，因票據作成而發生，其創設一種權利（right of creation）。

二、文義證券

　　在票據上簽名者，依票上所載文義負責（票據法第5條第1項）。故票據為文義證券，票據上之權利義務，悉應依票據記載之文字以為決定，不得於票據以外之證明方法，以變更其文義或為之補充[5]。即不以發票人與付款人間有付款委託，或向付款人領用支票為要件[6]。

三、債權證券

　　所謂債權證券，係指以有價證券為表現形式之債權。票據債權人（creditor）占有票據，得就票據上所記載之一定金額，向特定票據債務人（debtor）行使其請求權。

四、有價證券

　　票據係表彰具有財產價值之私權（private rights）證券，其權利之發生，必須作成票據；權利之移轉，必須交付票據；而權利之行使，須提示票據。

五、金錢證券

　　所謂金錢證券，係指票據所體現之權利為金錢。票據具有支付之效用，係以支付一定金額為標的之證券，其有輔助及替代貨幣之功能。

---

[5] 最高法院105年度台簡上字第1號民事判決。
[6] 最高法院69年台上字第725號民事判決。

六、無因證券

票據係無因證券（abstract juristic act），證券上之權利義務悉依證券所載文句而決定其效力，是票據上權利，依票據文義而發生，而與其基礎之原因關係各自獨立，支票上權利之行使，不以其原因關係存在為前提，縱使原因關係不存在或無效時，執票人仍得依支票文義行使其權利[7]。

七、要式證券

票據之作成，應依法定方式為之（formal juristic act）。票據所應記載之事項，欠缺其應記載事項之一者，除票據法別有規定外，該票據即為無效（票據法第11條第1項）[8]。

八、流通證券

票據依背書（endorse）及交付（submit）而轉讓。無記名票據得僅依交付轉讓之（票據法第30條第1項）。記名票據除發票人有禁止轉讓之記載者，任何人均得轉讓之（第2項）。

九、提示證券

所謂提示證券，係指持票人行使票據權利時，必須依法向有關當事人出示其票據，票據債權人必須占有證券為必要，為證明占有之事實，自應提示（prompt）票據，始得行使票據上之權利。

十、返還證券

所謂返還證券，係指債權人於受領證券上之給付後，應將原證券繳回於給付之人。是票據債權人於受領票據上之給付後，應將原票據繳回於給付之人，俾使票據關係消滅，或者向前手再行使追索權。

---

[7]　最高法院49年台上字第334號、106年台簡上字第1號民事判決。
[8]　最高法院63年台上字第2681號、107年度台上字第1584號民事判決。

肆、票據之經濟效用

票據法制度之設計及運作，其最高之指導原則，在於助長票據之流通，有效發揮票據之經濟效用，其具有匯兌效用、信用效用及支付效用。

一、匯兌效用

所謂匯兌（currency exchange）或匯兌結算，係指匯款人委託銀行將其款項支付與收款人之結算方式，此方式便於匯款人向異地之收款人主動付款。準此，匯兌之效用，在於打破金錢支付之空間障礙，減免攜帶現金之風險。例如，隔地交易。

二、信用效用

信用（credit）之效用，在於打破金錢支付之時間障礙，將將來之金錢轉變成現在之金錢利用。例如，簽發遠期支票以延後支付買賣價金之期間。

三、支付效用

支付（instrument of payment）之效用，主要避免當事人間計算金錢之錯誤及時間之耗費，有利交易之進行。就國家而言，使用票據作為支付之工具，可節約通貨之發行。

伍、案例解析

一、案例1解析──票據之文義性與要式性

（一）票據為文義證券

在票據上簽名者，依票上所載文義負責（票據法第5條第1項）。故票據為文義證券，票據上之權利義務，悉應依票據記載之文字以為決定，不得於票據以外之證明方法，以變更其文義或為之補充。亦不以發票人與付款人間有付款委託，或向付款人領用支票為要件。準此，甲雖僅積欠乙新臺幣（下同）688萬元之借款，惟其簽發面額888萬元之本票

與乙，作爲清償借款用途，經乙背書轉讓於丙，甲自應負888萬元之文義責任[9]。

（二）票據爲要式證券

票據之作成，應依法定方式爲之，票據所應記載之事項，欠缺其應記載事項之一者，除票據法別有規定外，該票據即爲無效（票據法第11條第1項）[10]。本票之發票日，爲法定應記載事項（票據法第120條第1項第6款），未記載者，則爲無效之本票，甲自不負發票人之責任。例外情形，係甲於簽發本票時，有授權乙塡寫發票日，乙即有權塡寫發票日，甲自應負發票人之責任[11]。

二、案例2解析──甲種存戶之法律關係

甲種存戶簽發支票委託銀錢業於見票時無條件付款與受款人或執票人，其性質爲委託付款，應屬委任契約（票據法第4條、第125條第1項第5款、第135條）[12]。

第二節　票據行為

案例3

　　甲向乙購買貨物，簽發支票交予乙，其金額記載新臺幣陸佰萬元或NT$6,600,000，乙背書交付與丙。試問：（一）丙得向甲請求之票款爲何？（二）甲未於支票上簽名或蓋章，丙可否請求甲與乙分別負發票人與背書人之責任？

---

[9] 最高法院105年度台簡上字第1號民事判決。
[10] 最高法院107年度台上字第1584號民事判決。
[11] 最高法院67年台上字第3896號民事判決。
[12] 最高法院69年台上字第211號民事判決。

案例4

　　本票發票人於交付本票於他人前，對本票上所載幣別種類進行改寫。試問：（一）此行為是否生其效力？（二）此行為是否屬於票據法第11條第3項本文之金額改寫？

案例5

　　公司法定代理人以公司名義簽發支票，並蓋用公司章及法定代理人個人章，其未載明為公司代理之旨而簽發。試問公司法定代理人應否依票載文義負責，理由為何？

壹、票據行為之定義

　　所謂票據行為者，係指以發生票據上一定權利義務關係（right and obligation relationship）為目的，所為之要式行為與單獨行為。票據行為人除在票據上完成記載事項與簽名外，亦應有授與他人占有之意思表示而交付票據，票據之權利義務始發生效力。是票據行為之完成應符合作成票據與交付票據之要件，此為發行說[13]。票據行為，可分基本票據行為與附屬票據行為。

貳、票據行為之類型（94律師）

一、基本票據行為

　　所謂基本票據行為，係指發票行為，其為原始之創設票據行為。無論何種票據，均須有發票行為，始得發生票據關係，係主要票據行為。

---

[13] 王志誠，票據法，元照出版有限公司，2008年9月，3版1刷，頁87。

二、附屬票據行為

（一）背書（106司法官）

所謂背書者（endorse），係指以轉讓票據權利為目的，而將其意思記載於票據背面之行為。例如，背書人於票據背面簽名或蓋章。法人或自然人均得為背書人，故公司得為票據背書人。

（二）承兌

所謂承兌者（accept），係指承諾兌付票據上之一定金額，而記載其意思於票據正面之行為，承兌行為僅有匯票（draft）有之，支票與本票並無承兌制度。

（三）參加承兌

所謂參加承兌者（acceptance for honor），係指因票據不獲承兌，第三人願意負承兌責任而加入，並記載其意思於票據正面之行為，參加承兌行為僅有匯票有之。

（四）保證

所謂保證者（guarantee），係指以擔保票據債務之履行為目的，而記載其意思於票據之行為。匯票與本票有保證制度，而支票並無保證之適用。

參、票據行為之特性

一、要式性

票據行為係要式行為，應於書面上記載法定事項，作為權利之表彰，倘欠缺其應記載事項之一者，除票據法別有規定外，將導致票據歸於無效。

二、無因性

票據係無因證券，票據行為一經有效成立後，票據上權利與其基礎之原因關係各自獨立，支票上權利之行使，不以其原因關係存在為前提，故其原因關係不存在或無效時，執票人仍得依支票文義行使其權利，此為無因性或抽象性。

三、文義性（102律師；97、104司法官）

在票據上簽名者，依票上所載文義負責（票據法第5條第1項）。故票據為文義證券，票據上之權利義務，悉應依票據記載之文字以為決定，當事人不得於票據以外之證明方法，以變更其文義或為之補充[14]。

（一）外觀解釋原則

所謂外觀解釋原則，係指票據為文義證券，是有關票據之權利義務之解釋，縱使票據上之記載與實質關係不符時，應以票據之文義為準，以助長票據流通。

（二）客觀解釋原則

所謂客觀解釋原則，係指票據上所載內容之解釋，應依票據上所載文義判斷之，不得援用票據上記載以外之事實，就票據上記載事項為補充或變更，不適用民法第98條規定探求當事人真意之解釋原則[15]。

四、獨立性（103律師）

票據行為個別獨立，數個票據行為同時存在，倘其中有票據行為無效或被撤銷時，其他票據行為不受影響。例如，票據上雖有無行為能力人或限制行為能力人之簽名，不影響其他簽名之效力（票據法第8條）[16]。

肆、票據行為之方式

一、記載法定事項

不論是基本之票據行為或附屬之票據行為，均應作成書面，其記載事項有絕對必要記載、相對必要記載、任意記載、不得記載或金額記載。

---

[14] 最高法院105年度台簡上字第1號民事判決。
[15] 王文宇、林育廷，票據法與支付工具規範，元照出版有限公司，2008年3月，頁83。
[16] 最高法院49年台上字第334號民事判決。

（一）絕對必要記載事項（95律師；98、100司法官）

欠缺本法所規定票據上應記載事項之一者，其票據無效（票據法第11條第1項本文）。例如，票據種類、金額、發票日、簽名等事項缺一者，則票據無效[17]。

（二）相對必要記載事項

票據法所規定票據上應記載事項，本法別行擬制其效果，票據不因之無效（票據法第11條第1項但書）。例如，未載到期日者，視為見票即付（票據法第24條第2項）。匯票未載付款人者，以發票人為付款人（第3項）。未載受款人者，以執票人為受款人（第4項）。未載發票地者，以發票人之營業所、住所或居所所在地為發票地（第5項）。未載付款地者，以付款人之營業所、住所或居所所在地為付款地（第6項）。

（三）任意記載事項

任意記載事項，係指是否記載由當事人自由意思決定，未記載者，雖不影響票據效力，然記載則發生票據上之效力。例如，記名匯票發票人有禁止轉讓之記載者，不得轉讓（票據法第30條第2項）。

（四）不得記載事項（91律師；101司法官）

票據法未規定之事項，倘在票據上記載時，其效力有所不同：1.記載則票據無效。例如，發票人為附條件支付委託之記載者，該票據無效；2.記載無效而票據有效。例如，背書附記條件者，其條件視為無記載，背書亦屬有效（票據法第36條）；3.記載不生效力而票據有效。例如，為支票上之保證行為，雖不生票據保證之效力，惟生民法上保證之效力，該支票亦屬有效。或者於票上書寫見證人字樣並簽章，該見證人不生效力，該簽章者應負背書責任；4.票據上記載本法所不規定之事項者，不生票據上之效力（票據法第12條）。

---

[17] 最高法院107年度台上字第1584號民事判決。

（五）金額之記載（93高考；93司法官）

票據上記載金額之文字與號碼不符時，以文字為準（票據法第7條）。票據上之金額，以號碼代替文字記載，經使用機械辦法防止塗銷者，視同文字記載（票據法施行細則第3條）[18]。票據上之記載，除金額外，雖得由原記載人於交付前改寫之。然應於改寫處簽名（票據法第11條第3項）。申言之：1.票據上金額之記載不得改寫。倘金額有改寫之情事，未經原記載人簽名，該票據會成為無效之票據，導致原於票據上簽名者，毋庸依票上所載文義負責；2.票據發票日期之記載，發票人於交付票據予執票人之前，固得更改之，然交付後，而於未獲付款前，因涉及執票人票據上權利之行使及追索權時效之起算，非經執票人同意，發票人自無權擅予變更[19]。

二、簽名

所謂簽名者，係指行為人將自己之姓名，親寫於票據上之行為[20]。在票據上簽名者，依票上所載文義負責（票據法第5條第1項）。二人以上共同簽名時，應連帶負責（第2項）。票據上之簽名，得以蓋章代之（票據法第6條）。因票據為特定當事人間之支付手段，輾轉流通於社會，具有通貨之作用，有益金融經濟之發展。票據法本於助長票據流通之原則，規定票據之要式性，簽名為各種票據行為必須具備之要件，此項票據上之簽名，僅得以蓋章代之，是民法以指印代簽名之規定，自不得適用於票據行為[21]。

三、交付

行為人須將票據交付之，始為完成票據行為。例如，發票人填寫票據之絕對必要記載事項後，須將票據交付受款人，倘未交付者，則未完成發票行為。

---

[18] 最高法院89年度台抗字第437號民事裁定。
[19] 最高法院95年度台上字第3671號刑事判決。
[20] 最高法院43年台上字第1160號、51年台上字第3309號民事判決。
[21] 最高法院92年度台上字第802號民事判決。

伍、票據行爲之效力

一、票據行為之獨立原則

票據行爲係個別獨立，故數個票據行爲同時存在，倘其中有票據行爲無效或被撤銷時，其他票據行爲不受影響。其獨立性之情形如後：（一）票據上雖有無行爲能力人或限制行爲能力人之簽名，不影響其他簽名之效力（票據法第8條）；（二）票據之僞造或票據上簽名之僞造，不影響於眞正簽名之效力（票據法第15條）[22]。所謂簽名者，係指眞正之簽名而言。如簽名出於僞造，雖不影響於眞正簽名之效力，惟被僞造簽名之本人，不負票據債務人之責任；（三）保證人與被保證人，負同一責任。被保證人之債務，縱使爲無效，保證人仍負擔其義務。例外情形，係被保證人之債務，因方式之欠缺，而爲無效者（票據法第61條）[23]。

二、票據行為代理

（一）有權代理（101司法官）

票據之代理（act as agent），須載明爲本人代理之旨而簽名。例如，發票人甲之代理人乙，代理人未載明爲本人代理之意旨，而簽名於票據者，應自負票據上之責任（票據法第9條）。

（二）無權代理（90高考）

無權代理（unauthorized agency）分爲狹義無權代理與越權代理：1.所謂狹義無權代理，係指無代理權而以代理人名義簽名於票據者，應自負票據上之責任（票據法第10條第1項）；2.所謂越權代理，係指代理人逾越權限時，就其權限外之部分，亦應自負票據上之責任（第2項）。

---

[22] 最高法院94年度台上字第1811號刑事判決。
[23] 最高法院87年度台上字第1389號民事判決：本票之保證，係屬附屬的票據行爲，其與民法上之保證有所不同，不能據以認定應負民法上之保證責任。

三、票據偽造（104司法官）

所謂票據偽造者（counterfeit），係指以行使為目的，假冒他人之名義而為票據行為而言。其可分發票之偽造與票據上簽名之偽造。前者如盜用他人印章為發票；後者如盜用他人印章為背書或保證等行為。

四、票據變造（93司法官）

所謂票據變造者（alter），係指無變更文義權限之人，擅自變更票據所記載之事項而言。例如，變更票載發票日。票據經變造時，簽名在變造前者，依原有文義負責；簽名在變造後者，依變造文義負責；不能辨別前後時，推定簽名在變造前（票據法第16條第1項）。前項票據變造，其參與或同意變造者，不論簽名在變造前後，均依變造文義負責（第2項）。

五、票據塗銷

所謂票據塗銷者（invalidate by crossing），係指將票據上之簽名或其他事項塗銷而言。票據上之簽名或記載被塗銷時，非由票據權利人故意為之者，不影響於票據上之效力（票據法第17條）。換言之，由無權利人為之者，不論故意或過失，均不影響票據上之權利。

陸、案例解析

一、案例3解析——票據金額認定及獨立性定義

（一）金額之記載

票據上記載金額之文字與號碼不符時，以文字為準（票據法第7條）。準此，甲向乙購買貨物，簽發支票交與乙，其金額記載新臺幣（下同）陸佰萬元或NT$6,600,000，乙背書交付與丙，丙僅得依據文字之記載，向甲請求600萬元之票款。

（二）票據行為之獨立性

票據行為之獨立原則，係指數個票據行為同時存在，倘其中有票據行為無效或被撤銷時，其他票據行為不受影響。所謂無效者，係指實質

上無效而言。倘該行為屬形式上無效時，以該行為為前提之其他行為，均歸於無效。因發票行為係基本之票據行為，倘因簽名或蓋章而無效時，則背書、承兌、參加承兌及保證等附屬票據行為，自無所附隨，均未發生效力，自不得適用票據行為之獨立原則[24]。準此，甲未於支票上簽名或蓋章，該支票無效，是丙無法請求甲與乙分別負發票人與背書人之責任。

二、案例4解析——禁止票據金額改寫

票據上之記載，除金額外，雖得由原記載人於交付前改寫之，然應於改寫處簽名（票據法第11條第3項）。一定之金額為本票絕對應記載事項（票據法第120條第1項第2款）。幣別種類之改寫為票據法第11條第3項之金額改寫，因原記載人不可藉由改寫幣別使本票之票面金額，處於不確定之狀態，如此將有違票據法第11條第3項及第120條第1項第2款之立法意旨。例如，執票人持幣別原為新臺幣100萬元改寫為人民幣100萬元之本票，向法院聲請本票裁定，請求相對人給付人民幣100萬元，其屬於票據法第11條第3項之金額改寫，法院應駁回其聲請。

三、案例5解析——公司法定代理人簽發公司支票

公司法定代理人以公司名義簽發支票，蓋用公司印章及法定代理人私章，縱未載有法定代理人字樣，然由本票全體記載之形式及旨趣觀之，倘依社會一般觀念，法定代理人之簽章，係代理公司為發票行為者，自足認有為公司代理之行為，該法定代理人不負發票人之責任。

---

[24] 賴源河，實用商事法精義，五南圖書出版股份有限公司，2015年9月，12版1刷，頁272。

第三節　票據之法律關係

案例6

　　甲向乙購買家具一批，甲簽發面額新臺幣100萬元之支票交付與乙，作為買賣價金。乙並將該支票交付與木材批發商丙，作為購買木材之價金，準備製造甲所訂購之家具。嗣後乙未如期交貨，甲合法解除甲與乙間之買賣契約，丙於票載到期日屆至時提示支票。試問甲得否以業已解除其與乙間之買賣契約為由，拒絕給付票款？

壹、票據與非票據關係

一、票據關係

　　票據之法律關係（legal relationship）有二：（一）票據本身所生之法律關係，稱為票據關係；（二）票據有關之法律關係，稱為非票據關係。票據關係乃基於票據行為，所發生之法律上之債權債務關係。就執票人（holder of a bill）即票據權利人而言，其依據票據法規定，因票據行為而取得之權利，主要有四：（一）對於票據主債務人之付款請求權；（二）對於參加承兌人及預備付款人之付款請求權；（三）對於背書人及其前手之追索權；（四）對於保證人之權利。

二、非票據關係

（一）非票據關係之定義

　　所謂非票據關係者，係指非由票據行為所生，而與票據有密切之法律關係。其可分「票據法上之非票據關係」及「非票據法上之非票據關係」。前者，係基於票據法之規定而生。例如，利益償還請求權（票據法第22條第4項）。後者，係基於非票據法之其他法律規定而生，其為票據之實質關係，可分票據原因、票據預約及票據資金三種。

（二）利益償還請求權（100司法官）

1. 所受利益之限度

票據上之債權，雖依本法因時效或手續之欠缺而消滅，執票人對於發票人或承兌人，而於其所受利益之限度，得請求償還，利益償還請求權與票據基礎原因關係所生之權利，兩者各自獨立（票據法第22條第4項）。舉例說明之：(1)發票人已將資金交付承兌人，而執票人之票據權於時效而消滅，此際承兌人即受有利益，承兌人應返還該利益與執票人；(2)票據法第22條第4項規定之利得償還請求權，係基於票據時效完成後所生之權利，其與票據基礎原因關係所生之權利各自獨立，故執票人於未逾民法第125條規定15年之期間行使利得償還請求權時，發票人或承兌人不得以原因關係所生權利之請求權消滅時效，業已完成為抗辯[25]。

2. 得利事實之舉證責任

票據執票人依票據法第22條第4項規定，對發票人請求償還其受利益者，除發票人對執票人主張其得利之原因事實不爭執外，應由執票人就得利之事實，負舉證責任，不得僅憑票據，請求償還相當於票面金額之利益[26]。

（三）票據之實質關係

票據關係之背後，必先有使票據關係發生之實質法律關係，此法律關係稱為票據之實質關係或基本關係。其種類如後：1.原因關係：當事人間為票據之授受，必有其授受之緣由，該緣由為票據之原因。原因關係可分對價與無對價（failure of consideration）關係[27]。前者如買賣，後者如贈與；2.資金關係：所謂資金關係，係指匯票或支票之付款人與發票人間所存在之法律關係而言。例如，支票發票人與付款人間有支票存款契約或透支契約（credit of contract）；3.預約關係：當事人授受票據之前，必先就票據之發行或讓與之內容，達成合意，以作為授受票據之依據，此項合意為預約關係。例如，票據種類或金額。

---

[25] 最高法院96年度台上字第2716號民事判決。
[26] 最高法院103年度台簡上字第30號民事判決。
[27] 最高法院104年度台簡上字第35號民事判決。

貳、案例6解析──票據之原因關係與其無因性

一、票據之原因關係

　　當事人間為票據之授受，必有其授受之緣由，該緣由即為票據之原因。甲向乙購買家具一批，甲簽發面額新臺幣100萬元之支票交付與乙，作為買賣價金，故該買賣關係（contract of sale）為本件票據之原因關係。

二、票據之無因性

　　票據係無因證券，票據行為經有效成立後，票據上權利與其基礎之原因關係各自獨立，支票上權利之行使，不以其原因關係存在為前提，故其原因關係不存在或無效時，執票人仍得依支票文義行使其權利，此為無因性或抽象性。準此，乙將甲所簽發之支票交付與木材批發商丙，作為購買木材之價金，嗣後甲雖合法解除其與乙間之買賣契約，甲不得以其業已解除其與乙間之買賣契約為由，拒絕給付票款予執票人丙。

第四節　票據權利

案例7

　　甲為支付貨款之用途，簽發面額新臺幣（下同）200萬元之支票與乙，乙不慎遺失該支票。試問：（一）該支票為丙拾獲，並轉讓於知情之丁，丁得否對發票人甲主張票據權利？（二）丁再以10萬元之代價，將該支票轉讓與善意第三人戊，戊得否對發票人甲主張票據權利？

案例8

　　甲執有乙因抵付貨款而簽發之支票，屆期提示因係拒絕往來而未獲兌現。甲嗣後將該支票及退票理由單一併交付丙。試問丙起訴請求某乙給付票款，應否准許？

壹、票據權利之內容

　　所謂票據權利之標的，係指票據所表彰之金錢債權，其內容有付款請求權與追索權，分別為票據之第一次權利與第二次權利，執票人為權利主體。

一、付款請求權

　　所謂付款請求權（right to claim of payment），係指票據之第一次權利，其行使主體為執票人，其行使之對象，依據票據種類而有所不同：（一）匯票：付款人、擔當付款人、預備付款人、票據交換所、承兌人、參加承兌人或參加承兌人之保證人（票據法第61條第1項）；（二）本票：擔當付款人、票據交換所、發票人及發票人保證人；（三）支票：付款人、票據交換所。

二、追索權

　　所謂追索權（right of recourse）或償還請求權，係指票據之第二次權利，原則上須行使付款請求權遭拒絕後，始得行使之。例外情形，為期前追索（票據法第85條第2項、第105條第4項）[28]。其行使主體為執票人，其行使之對象為發票人、背書人及其等之保證人。

---

[28] 票據法第85條第2項規定：有下列情形之一者，雖在到期日前，執票人亦得行使前項權利：1.匯票不獲承兌時；2.付款人或承兌人死亡、逃避或其他原因無從為承兌或付款提示時；3.付款人或承兌人受破產宣告時。票據法第105條第4項規定：如不可抗力之事變延至到期日後30日以外時，執票人得逕行使追索權，無須提示或作成拒絕證書。

貳、票據權利之取得方式

一、原始取得

　　原始取得有發票及善意取得兩種類型。所謂善意取得，係指票據權利之即時取得，票據上之任何負擔均歸於消滅[29]。依據票據法第14條規定，善意取得要件如後：（一）執票人須自無處分權人取得票據；（二）取得票據當時並無惡意或重大過失[30]；（三）須依據票據法之轉讓方式取得票據，即背書及交付；（四）須有相當之對價，即無對價或以不相當之對價取得票據者，不得享有優於其前手之權利；（五）取得之票據於形式要件無欠缺，而匯票及本票須在到期日前取得，因到期日後之背書，僅有通常債權轉讓之效力，不生票據權利善意取得之問題（票據法第41條第1項）。

二、繼受取得（106高考三級法制）

　　繼受取得分為「票據法上」及「非票據法上」之繼受取得，前者，如背書或交付轉讓，無記名票據得僅依交付轉讓之（票據法第30條第1項）；後者，如繼承或公司合併。

三、禁止請求付款之處分

　　票據為不得享有票據上權利或票據權利應受限制之人獲得時，原票據權利人得依假處分程序，聲請法院為禁止占有票據之人向付款人請求付款之處分（票據法施行細則第4條）。票據關係之當事人間對於有爭執之法律關係，為防止發生重大之損害或避免急迫之危險或有其他相類之情形而有必要時，仍得依民事訴訟法第538條第1項規定為定暫時狀態處分之聲請，無須以具備票據法施行細則第4條所定聲請要件為限[31]。

---

[29] 票據之原設定質權，將因票據之善意取得而消滅。
[30] 最高法院90年度台簡上字第34號民事判決。
[31] 最高法院97年度台抗字第533號民事裁定。

參、票據權利之行使與保全

一、票據權利之行使

　　所謂票據權利之行使，係指票據權利人向票據債務人提示票據，請求其履行票據債務之行為。例如，行使付款請求權及行使追索權。其行使之方法為提示，係現實出示票據於債權人，請求其履行債務。

二、票據權利之保全

　　所謂票據權利之保全，係指防止票據權利喪失之行為，保全付款請求權與追索權。其行使之方法為「遵期提示」及「遵期作成拒絕證書」。

三、行使或保全票據權利之處所

　　為行使或保全票據上權利，對於票據關係人應為之行為，應在票據上指定之處所為之，無指定之處所者，在其營業所為之，無營業所者，在其住所或居所為之。票據關係人之營業所、住所或居所不明時，因作成拒絕證書得請求法院公證處、商會或其他公共會所調查其人之所在，倘仍不明時，得在該法院公證處、商會或其他公共會所作成之（票據法第20條）。

四、行使或保全票據權利之時間

　　為行使或保全票據上權利，對於票據關係人應為之行為，應於其「營業日」之營業時間內為之，如其無特定營業日或未訂有營業時間者，應於「通常營業日」之營業時間內為之（票據法第21條）。如應行使或保全行為之末日，為星期日、紀念日或其他休息日時，以其休息日之次日代之（民法第122條）。

肆、票據權利之保護

一、票據抗辯之定義與類型

所謂票據抗辯者，係指票據債務人提出合法之事由，拒絕債權人行使權利之主張。票據抗辯之種類有二：（一）物之抗辯：係基於票據行為不合法或票據權利不存在而生，其得以對抗一切之票據債權人之請求，亦稱客觀抗辯（objective demur）或絕對抗辯權。例如，票據形式上要件欠缺（票據法第11條）[32]、票據偽造或變造（票據法第15條、第16條）；（二）人之抗辯：係基於票據以外之個人實質關係而生，其僅能對抗特定之票據債權人，亦稱主觀抗辯（subjective demur）。例如，票據直接前後手主張原因關係不存在。

二、票據抗辯之限制（101律師；94、99司法官；106行政執行官）

（一）直接抗辯

票據屬文義證券，為有助於票據之流通，必須對人之抗辯有所限制，即人之抗辯以直接當事人間為限，此稱為直接抗辯（direct demur）。詳言之，票據債務人不得以自己與發票人或執票人之前手間所存抗辯之事由，對抗執票人（票據法第13條本文）[33]。例如，甲簽發支票交付與乙，乙背書轉讓於丙，背書人乙固得以其自己與執票人丙間所存抗辯之事由，對抗執票人丙。然支票為無因證券，背書人乙不得以發票人甲與執票人丙間所存抗辯之事由，對抗執票人丙[34]。

（二）執票人舉證證明原因關係有效成立之事實

票據為文義證券及無因證券，票據上之權利義務悉依票上所載文義定之，而與基礎之原因關係各自獨立，票據上權利之行使，不以其原因關係存在為前提。執票人行使票據上權利時，就其基礎之原因關係確係

---

[32] 最高法院107年度台上字第1584號民事判決。

[33] 最高法院105年度台簡上字第30號民事判決。

[34] 最高法院73年台上字第4364號、105年度台簡上字第1號、105年度台簡上字第33號民事判決。

有效存在不負舉證責任。倘票據債務人以自己與執票人間所存抗辯之事由對抗執票人，依票據法第13條規定觀之，應先由票據債務人就抗辯事由之基礎原因關係負舉證之責任。當票據基礎之原因關係確立後，法院就此項原因關係進行實體審理時，當事人於該原因關係是否有效成立或已否消滅等事項，有所爭執者，自應適用各法律關係之舉證責任分配原則，應令票據執票人舉證證明原因關係有效成立之事實[35]。

三、票據抗辯限制之例外（97律師；99、103、104、107司法官）

票據抗辯之限制，其目的在於保護善意取得人。故執票人取得票據出於惡意者，則不加限制，此稱之為惡意抗辯（票據法第13條但書）。例如，甲向乙購買貨物，並簽發支票交付與乙，乙背書轉讓於丙，嗣後甲合法解除該買賣契約，丙明知該事實，發票人甲得以此對抗惡意執票人丙。再者，以惡意或有重大過失取得票據者，不得享有票據上之權利（票據法第14條第1項）。無對價或以不相當之對價取得票據者，不得享有優於其前手之權利（第2項）。倘其前手之權利有瑕疵，不論執票人是否有惡意，其均應繼承其前手之瑕疵，此為票據上權利瑕疵之推定。

四、票據喪失之補救（103司法官）

（一）止付通知

票據喪失時，票據權利人得對付款人為止付之通知（notify stop-payment to payer），防止冒領發生。但應於提出止付通知後「5日內」，向付款人提出已為聲請公示催告之證明（票據法第18條第1項）。未依前開規定辦理者，止付通知失其效力（第2項）[36]。

（二）止付通知之失效

票據權利人雖曾依票據法第18條第1項規定，向付款人為公示催告

---

[35] 最高法院105年度台簡上字第1號、106年度台簡上字第55號、第57號民事判決。
[36] 最高法院97年度台抗字第483號民事裁定。

聲請之證明。但其聲請被駁回或撤回者，或其除權判決之聲請被駁回確定或撤回，或逾期未聲請除權判決者，仍有本法第18條第2項規定之適用。依本法第18條第2項規定止付通知失其效力者，同一人不得對同一票據再爲止付之通知（票據法施行細則第7條）。

（三）掛失止付通知書

票據權利人依票據法第18條規定爲止付之通知時，應塡具掛失止付通知書、載明下列事項、通知付款人：1.票據喪失經過；2.喪失票據之類別、帳號、號碼、金額及其他有關記載；3.通知止付人之姓名、年齡、住所。其爲機關、團體者，應於通知書上加蓋正式印信。其爲公司、行號者，應加蓋正式印章，並由負責人簽名。個人應記明國民身分證字號。票據權利人爲發票人時，並應使用原留印鑑（票據法施行細則第5條第1項）。付款人對通知止付之票據，應即查明，對無存款而未經允許墊借票據之止付通知，應不予受理。對存款不足或超過付款人允許墊借金額之票據，應先於其存款或允許墊借之額度內，予以止付。其後如再有存款或續允墊借時，仍應就原止付票據金額限度內，繼續予以止付（第2項）。票據權利人就到期日前之票據爲止付通知時，付款人應先予登記，俟到期日後，再依前項規定辦理。其以票載發票日前之支票爲止付通知者，亦同（第3項）。通知止付之票據如爲業經簽名而未記載完成之空白票據，而於喪失後經補充記載完成者，準依前兩項規定辦理，付款人應就票載金額限度內予以止付（第4項）。經止付之金額，應由付款人留存，非依票據法第19條第2項之規定，或經占有票據之人及止付人之同意，不得支付或由發票人另行動用（第5項）。

（四）公示催告

票據喪失時，票據權利人得爲公示催告之聲請（票據法第19條第1項）。即法院依當事人之聲請，以公示之方法，催告不明之利害關係人，應於一定期間內申報權利，倘逾期不爲申報者，則生失權效果。公示催告程序開始後，其經到期之票據，聲請人得提供擔保，請求票據金額之支付；不能提供擔保時，得請求將票據金額依法提存。其尚未到期之票據，聲請人得提供擔保，請求給與新票據（第2項）。票據法第18條之止付通知、第19條之公示催告，對業經付款人付款之票據不適用之（票據法施行細則第6條）。

（五）除權判決

聲請人得於申報權利之公示催告期間已滿後「3個月內」，聲請為除權判決（民事訴訟法第545條第1項本文）。使喪失票據之權利消滅，喪失票據之人於取得除權判決後，得對票據債務人主張票據上之權利，不須提示票據（民事訴訟法第565條第1項）。準此，宣告票據無效之除權判決，可使聲請人取得持有票據人之同一地位，並有足代聲請人持有票據之效力，該聲請人即與持有票據相同[37]。

伍、票據權利之消滅

所謂票據權利之消滅者，係指票據之付款請求權或追索權，基於一定原因，而客觀失其存在。其原因有二：（一）依據票據文義付款；（二）票據上權利罹於時效。

一、付款

付款人或擔當付款人向執票人付款時，該票據所表彰之權利當然歸於消滅。一部分之付款，執票人不得拒絕，否則被拒絕之部分應喪失追索權（票據法第73條）。

二、罹於時效

（一）執票人對承兌人或發票人

票據上之權利，對匯票承兌人及本票發票人，自到期日起算，3年間不行使，因時效而消滅。見票即付之本票，自發票日起算，3年間不行使，因時效而消滅。對支票發票人自發票日起算，1年間不行使，因時效而消滅。

（二）執票人對前手之追索權

匯票、本票之執票人，對前手之追索權，自作成拒絕證書日起算，1年間不行使，因時效而消滅。支票之執票人，對前手之追索權，4

---

[37] 最高法院98年度台抗字第710號民事裁定。

個月間不行使，因時效而消滅。其免除作成拒絕證書者，匯票、本票自到期日起算，而支票自提示日起算。

（三）背書人對前手之追索權

匯票、本票之背書人，對於前手之追索權，自為清償之日或被訴之日起算，6個月間不行使，因時效而消滅。支票之背書人，對前手之追索權，2個月間不行使，因時效而消滅。

陸、案例解析

一、案例7解析──票據權利取得之限制

（一）惡意取得票據

以惡意或有重大過失取得票據者，不得享有票據上之權利（票據法第14條第1項）。甲為支付貨款之用途，簽發面額新臺幣（下同）200萬元之支票與乙，乙不慎遺失該支票，該支票為丙拾獲，並轉讓於知情之丁，丁為惡意甚明，自不得對發票人甲主張票據權利。

（二）不相當對價取得票據

以不相當之對價取得票據者，不得享有優於其前手之權利。丁以100萬元之代價，將該支票轉讓與善意第三人戊，因戊以不相當對價取得該支票權利，不論戊是否善意，應繼承其前手丁之瑕疵，而丁為無權利之人，故戊不得對發票人甲主張票據權利。

二、案例8解析──取得遭退票之支票

票據法第14條所謂以惡意或有重大過失取得票據者，不得享有票據上之權利，係指明知該票據非讓與人所有，而仍從其手取得該票據，或稍加注意即可知該票據非讓與人所有，而有重大過失從其手取得者之情形而言。至於支票已遭退票後，僅須讓與人對於發票人有請求償還支票金額及其利息之追索權，向其受讓而取得該支票者，即與以惡意或重大過失取得票據者有別，丙本於執票人之地位，向發票人行使追索權，應予准許。

習題

一、我國票據法所規定之票據種類為何？試說明之。

　　提示：票據法第2條至第4條。

二、試問欠缺票據法所規定應記載事項之一者，其票據效力為何？塗
　　改票面金額有何效果？

　　提示：票據法第11條第1項、第3項。

三、試說明票據偽造、票據變造及票據塗銷有何不同？

　　提示：票據法第16條至第17條。

四、甲拾獲乙所遺失之本票一張，甲將之贈與丙，試問丙得否請求乙
　　給付票款？

　　提示：票據法第14條第2項。

五、試問票據權利人喪失票據，應如何補救？

　　提示：票據法第18條至第19條；民事訴訟法第545條、第565條。

六、丙向丁借款新臺幣（下同）100萬元，丙簽發面額100萬元之本票
　　作為借款之憑證，丁逾本票到期日3年後，始向丙請求票款，丙
　　以本票已罹於時效為由，拒絕給付票款，試問丁應如何主張權
　　利？

　　提示：票據法第22條第4項。

第二章

匯 票

關鍵詞：保證人、參加人、拒絕證書、背書連續、見票即付、被
　　　　參加人、選擇追索權、禁止背書轉讓

　　研讀匯票之重點，在於瞭解匯票之發票、背書、承兌、參加承兌、保證、到期日、付款、參加付款、追索權、拒絕證書、複本及謄本。本章計有18則例題，用以分析匯票之原理與其適用

第一節　概　論

案例1

> 　　甲向乙購買家具，簽發註期匯票交與乙作為買賣價金之用途，票上記載見票後90日付款及付款人丙。試問乙嗣後未經付款人承兌，是否得主張票據之權利？

壹、匯票之定義

　　所謂匯票者（draft），係指發票人簽發一定之金額，委託付款人於指定之到期日，無條件支付與受款人或執票人之票據（票據法第2條）。準此，匯票具有下列之特點：（一）匯票為委託證券，由發票人委託付款人付款；（二）匯票為信用證券，有指定到期日，原則上屬未來付款。

貳、匯票之類型

一、以付款期限區分

（一）即期匯票

　　所謂即期匯票，係指見票後立即付款之匯票，其記載見票即付（票據法第65條第1項第3款）。未載到期日者（maturity date），視為見票即付（票據法第24條第2項）。見票即付之匯票，以提示日為到期日（票據法第66條第1項）。

（二）定期匯票

　　所謂定期匯票，係指定期日付款之匯票（票據法第65條第1項第1

款）。例如，發票人交付到期日爲2021年10月11日，其爲指定期日付款之匯票。

（三）計期匯票

所謂計期匯票，係指發票日後定期付款之匯票（票據法第65條第1項第2款）。例如，發票日2021年1月1日後2個月付款，其付款日爲2021年3月1日。

（四）註期匯票

所謂註期匯票，係指見票後定期付款之匯票（票據法第65條第1項第4款）。例如，見票後60日付款。所謂見票，係指承兌時之見票。而見票後定期付款之匯票，或指定請求承兌期限之匯票，應由付款人在承兌時，記載其日期，藉以確定到期日（票據法第46條第1項）。

二、以記載形式區分

（一）記名匯票

所謂記名匯票，係指匯票上記載受款人之姓名或商號之匯票，其依據背書與交付方式轉讓票據權利。例如，匯票上記載受款人甲，甲應依據背書與交付方式轉讓票據權利。

（二）指示匯票

所謂指示匯票，係指除在匯票上記載受款人之姓名或商號外，並記載「或其指定人」文字之匯票。指示匯票依據背書與交付方式，轉讓票據權利。

（三）無記名匯票

所謂無記名匯票，係指不在匯票上記載受款人之姓名或商號之匯票，僅依據交付方式轉讓票據權利即可，以最後占有或持有人爲票據權利人。

三、以當事人區分

（一）一般匯票

所謂一般匯票，係指匯票之發票人、受款人及付款人，均爲不同之

人。例如，甲為匯票之發票人，乙、丙各為受款人及付款人。

（二）變式匯票（101律師；102司法官）

所謂變式匯票或變則匯票，係指一人兼充二個以上之當事人，即發票人得以自己或付款人為受款人，並得以自己為付款人（票據法第25條第1項）。詳言之：1.所謂指己匯票，係指發票人以自己為受款人；2.所謂付受匯票，係指付款人兼為受款人；3.所謂對己匯票，係指發票人以自己為付款人。

參、案例1解析──註期匯票

所謂註期匯票，係指見票後定期付款之匯票。所謂見票者，係指承兌時之見票。故見票後定期付款之匯票，或指定請求承兌期限之匯票，應由付款人在承兌時，記載其日期，藉以確定到期日。甲向乙購買貨物，簽發註期匯票作為買賣價金，票上記載見票後90日付款及付款人丙，乙應經付款人丙承兌，以確定到期日。準此，乙未經承兌提示，無法確定到期日，乙自不得主張票據權利。

第二節　發　票

案例2

　　甲簽發匯票一張交付與乙，以支付貨款，試問以下記載之匯票效力為何？（一）匯票金額記載新臺幣（下同）100萬元或200萬元。（二）匯票發票人欄處，除有甲簽名外，亦有丙之簽名。（三）匯票記載面額300萬元，自2021年1月11日起自2021年10月11日止，分10期於每月11日付款。

壹、發票之定義

所謂發票者（make a bill），係指發票人作成票據，並將票據交付受款人之基本票據行為。所謂作成票據，係指於票據上為法定事項之記

載，以創設票據權利義務關係之行為。

貳、發票之款式

一、應記載之事項

（一）絕對必要記載事項（94律師）

1. 要式行為

匯票應記載下列事項，由發票人簽名（sign）（票據法第24條第1項）：(1)表明其為匯票之文字，或其他意義相同之文字（第1款）；(2)一定之金額，並不得改寫（第2款）；(3)無條件支付之委託，即「憑票支付」（第5款），票據行為因重在票據之流通，故應單純，而不得附條件[1]；(4)發票年月日，此為意思表示之內容，而非事實之紀錄（第7款）。故縱使與真實之發票日不符，亦不影響匯票效力。

2. 蓋章認證

公證人認證私文書，應使當事人當面於私文書簽名，或承認為其簽名，並於認證書內記明其事由（公證法第101條第1項）。雖未將簽名列入認證範圍，惟依法律之規定，有使用文字之必要者，得不由本人自寫，但必須親自簽名。如有用印章代簽名者，其蓋章與簽名生同等之效力。如以指印、十字或其他符號代簽名者，在文件上，經二人簽名證明，亦與簽名生同等之效力（民法第3條）。蓋章既與簽名生同等效力，公證人當然可就當事人之蓋章予以認證[2]。

（二）相對必要記載事項

相對必要記載事項如後：1.付款人之姓名或商號（票據法第24條第1項第3款）。未載付款人者，以發票人為付款人（第3項）；2.受款人之姓名或商號（第1項第4款）。未載受款人者，以執票人為受款人（第4項）；3.發票地（第1項第6款）。未載發票地者，以發票人之營業所、住所或居所所在地為發票地（第5項）；4.付款地（第1項第8款）。未載付款地者，以付款人之營業所、住所或居所所在地為付款地

---

[1] 最高法院80年度台上字第12號民事判決。
[2] 公證法律問題研究（八），2009年5月，頁22至38。

（第6項）；5.到期日（第1項第9款）。未載到期日者，視為見票即付（第2項）。

二、任意記載事項

所謂任意記載事項，係指未記載者時，自不生票據效力。倘經記載者，即發生票據上之效力。茲將任意記載事項內容，分述如後：

（一）擔當付款人

發票人得於付款人外，記載一人，為擔當付款人（票據法第26條第1項）。匯票上載有擔當付款人者，其付款之提示，應向擔當付款人為之（票據法第69條第2項）。

（二）預備付款人

發票人亦得於付款人外，記載在付款地之一人為預備付款人（票據法第26條第2項）。無參加承兌人而有預備付款人時，應向預備付款人為付款之提示（票據法第79條第1項後段）。

（三）付款處所

發票人得記載在付款地之付款處所（票據法第27條）。為行使或保全票據上權利，對於票據關係人應為之行為，應在票據上指定之處所為之（票據法第20條前段）。

（四）利息與利率

發票人得記載對於票據金額支付利息及其利率（票據法第28條第1項）。利率未經載明時，定為年息「6%」（第2項）。利息自發票日起算。但有特約者，不在此限（第3項）。

（五）免除擔保承兌

發票人應照匯票文義擔保承兌及付款。但得依特約免除擔保承兌之責，並應載明於匯票（票據法第29條第1項、第2項）。匯票上有免除擔保付款之記載者，其記載無效（第3項）。

（六）禁止轉讓

記名匯票發票人有禁止轉讓之記載者，不得轉讓（票據法第30條第2項）。背書人於票上記載禁止轉讓者，仍得依背書而轉讓之。但禁

止轉讓者，對於禁止後再由背書取得匯票之人，不負責任（第3項）。在票據正面或背面為禁止背書轉讓之記載，均須由為此記載之票據債務人於其記載下簽名或蓋章，始生禁止背書轉讓之效力。票據正面記載禁止背書，倘記載依社會觀念足認由發票人於發票時為之者，亦發生禁止背書轉讓之效力。

（七）指定及禁止承兌之期限

除見票即付之匯票外，發票人或背書人得在匯票上為應請求承兌之記載，並得指定其期限（票據法第44條第1項）。發票人得為於一定日期前，禁止請求承兌之記載（第2項）。背書人所定應請求承兌之期限，不得在發票人所定禁止期限之內（第3項）。

（八）承兌或付款提示之縮短或延長

見票後定期付款之匯票，應自發票日起6個月內為承兌之提示。前開期限，發票人得以特約縮短或延長之。但延長之期限不得逾6個月（票據法第45條）。見票即付之匯票，其於提示時，亦得準用之（票據法第66條第2項）。

（九）免除作成拒絕證書

發票人或背書人，得為免除作成拒絕證書之記載（票據法第94條第1項）。票據經記載免除作成拒絕證書，倘票據債務人抗辯執票人未經提示付款，即應負舉證責任。

（十）指定應給付之金額

表示匯票金額之貨幣，如為付款地不通用者，得依付款日行市，以付款地通用之貨幣支付之（票據法第75條第1項本文）。但有特約者，不在此限（第1項但書）。

（十一）通知拒絕承兌或拒絕付款義務之免除

執票人應於拒絕證書作成後4日內，對於背書人、發票人及其他匯票上債務人，將拒絕事由通知之（票據法第89條第1項）。倘有特約免除作成拒絕證書時，執票人應於拒絕承兌或拒絕付款後4日內，為前項之通知（第2項）。背書人應於收到前項通知後4日內，通知其前手（第3項）。背書人未於票據上記載住所或記載不明時，其通知對背書人之前手為之（第4項）。發票人、背書人及匯票上其他債務人，得於

第89條所定拒絕事由通知期限前，免除執票人通知之義務（票據法第90條）。

（十二）發行回頭匯票

有追索權者，得以發票人或前背書人之一人或其他票據債務人爲付款人，向其住所所在地發見票即付之匯票。但有相反約定時，不在此限（票據法第102條第1項）。前項匯票之金額，其於第97條之得追索金額及第98條之再追索金額所列者外，得加經紀費及印花稅（第2項）[3]。

三、不得記載之事項

不得記載之事項，倘記載之，則生「記載無效」及「票據無效」兩種效果。前者，如匯票上有免除擔保付款之記載者，其記載無效（票據法第29條第3項）。後者，記載事項與匯票之本質牴觸，經記載者，則匯票無效。如附條件之支付委託，將導致匯票無效。

參、案例2解析──發票之款式

一、金額記載

記載一定之金額，爲匯票之絕對必要記載事項（票據法第24條第1項第2款）。所謂一定金額，係指金額必須確定及不得改寫（票據法第11條第3項）。是匯票金額記載新臺幣（下同）100萬元或200萬元，係屬選擇性之記載，非屬一定金額之記載，該匯票因之無效。

---

[3] 票據法第97條規定：執票人向匯票債務人行使追索權時，得要求左列金額：1.被拒絕承兌或付款之匯票金額，如有約定利息者，其利息；2.自到期日起如無約定利率者，依年利6釐計算之利息；3.作成拒絕證書與通知及其他必要費用。於到期日前付款者，自付款日至到期日前之利息，應由匯票金額內扣除。無約定利率者，依年利6釐計算。票據法第98條規定：爲第97條之清償者，得向承兌人或前手要求左列金額：1.所支付之總金額；2.前款金額之利息；3.所支出之必要費用。發票人爲第97條之清償者，向承兌人要求之金額同。

二、票據之簽名

　　發票人簽名，為匯票之絕對必要記載事項（票據法第24條第1項）。本件匯票發票人欄處，除有甲簽名外，亦有丙之簽名，屬共同發票。準此，甲與丙共同簽名，應就匯票文義負連帶責任（票據法第5條）。

三、分期付款

　　分期付款之匯票，其中任何一期，到期不獲付款時，未到期部分，視為全部到期（票據法第65條第2項）。本件匯票記載面額300萬元，自2021年1月11日起自2021年10月11日止，分10期於每月11日付款。其屬分期付款之本票，倘有一期未按期支付時，則視為全部到期。視為到期之匯票金額中所含未到期之利息，而於清償時，應扣減之（第3項）。

第三節　背　書

案例3

　　甲向建商乙購買預售屋，其簽發面額新臺幣100萬元之匯票交付與乙，作為買賣價金之一部。甲為避免票據關係複雜，保留其與乙間所存之抗辯事由，乃於票據上記載「禁止背書轉讓」字樣。試問乙嗣後為周轉之用途，將匯票背書轉讓與丙，其效力如何？

案例4

　　甲簽發匯票一紙與乙，乙以甲之信用不佳為由，要求甲先找第三人背書，甲為此請託丙背書，丙遂先在匯票背面背書，丙為第一背書人，被背書人為乙，丙再於正面受款人欄填入乙，繼而將匯票交付於乙。試問嗣經提示不獲付款，乙得否向甲、丙行使追索權？

案例5

　　甲簽發匯票一紙交付乙股份有限公司，並載明乙公司為受款人，嗣乙公司將匯票交付丙，並在匯票背面上蓋一直條章（戳），形式如下：被背書人丙、背書人禁止背書轉讓、背書人乙股份有限公司、背書日期2021年10月11日。試問上開型式之蓋章，是否符合票據法上之背書？

壹、背書之定義

　　所謂背書者（endorse），係指執票人為轉讓票據權利或其他目的，簽名或蓋章於票據背面，並將票據交付他人所為之附屬票據行為。票據得於其背面或黏單上加印格式，以供背書人填寫。背書非於票背已無背書地位時，不得於黏單上為之（票據法施行細則第8條）。

貳、背書之類型

一、轉讓背書

　　轉讓背書之目的在於轉讓票據之權利，使後手或受讓人取得有付款請求權及追索權。其有如後效力：（一）權利移轉；（二）權利證明（票據法第37條第1項）[4]；（三）權利擔保之效力（票據法第39條準用第29條第1項）[5]。

（一）一般轉讓背書（94、96、98律師；97、101、102司法官）

1. 完全背書

　　所謂完全背書或正式背書，係指背書人在匯票之背面或其黏單上為之（票據法第31條第1項）。背書人記載被背書人，並簽名於匯票者，故為記名背書（第2項）。在票據背面或黏單上簽名或蓋章，形式上合於背書之規定者，其應負票據法上背書人之責任。縱使非以背書轉讓之

---

[4] 執票人應以背書之連續，證明其權利。
[5] 發票人應照匯票文義擔保承兌及付款，背書人準用之。

意思而背書，爲維護票據之流通性，仍應負背書人之責任。

2. 空白背書

所謂空白背書或略式背書，係指背書人不記載被背書人，僅簽名於匯票者，其爲無記名背書（票據法第31條第3項）。不論係完全或空白背書，背書人均得記載背書之年、月、日（第4項）。再者，空白背書之匯票，得依匯票之交付轉讓之（票據法第32條第1項）。前項匯票，亦得以空白背書或記名背書轉讓之（第2項）。

3. 背書責任

票據爲無因證券，因背書轉讓而流通，是以背書爲票據轉讓之方法，凡在票據背面簽名而合於背書形式之規定者，不論背書內心效果意思如何，即應負背書人之責任，係因背書人縱使非以背書轉讓之意思而背書，因其內心效果意思，非一般人所能知或可得而知，爲維護票據之流通性，仍應負背書人之責任。

（二）特殊轉讓背書

1. 回頭背書（96司法官）

所謂回頭背書，係指以票據債務人爲被背書人之背書。即匯票得讓與發票人、承兌人、付款人或其他票據債務人（票據法第34條第1項）。回頭背書追索權之行使範圍有一定限制，即執票人爲發票人時，對其前手無追索權（票據法第99條第1項）。而執票人爲背書人時，對該背書之後手無追索權（第2項）。

2. 期後背書（91高考；101律師；95、103、104司法官）

所謂期後背書，係指到期日後所爲之背書。到期日後之背書，僅有通常債權轉讓之效力（票據法第41條第1項）。換言之，作成拒絕付款證書後，或作成拒絕付款證書期限經過後所爲之背書，其謂爲期限後背書，依票據法第41條規定，僅發生債務人得以對抗背書人之事由，轉而對抗被背書人之問題，並非被背書人不得享有票據上權利[6]。

---

6 最高法院105年度台簡上字第35號民事判決。

二、非轉讓背書

非轉讓背書之目的，並非轉讓票據之權利，其係有其他目的，應於票據記載其目的，其可分委任取款背書與設質背書兩者類型，茲說明如後：

（一）委任取款背書（96律師）

所謂委任取款背書，係指以委任他人代為取款為目的。執票人以委任取款之目的，而為背書時，應於匯票上記載委任取款之文義（票據法第40條第1項）。前開被背書人，得行使匯票上一切權利，並得以同一目的，更為背書（第2項）。其次之被背書人，所得行使之權利，即與第一被背書人同（第3項）。票據債務人對於受任人所得提出之抗辯，以得對抗委任人者為限（第4項）[7]。

（二）設質背書

所謂設質背書，係指為債務擔保而設定質權（pledge）為目的，而於記名票據或記名背書之執票人，倘須設定質權，應以背書方法為之，載明設定質權之意旨，由出質人簽名或蓋章，並將票據交付。

參、背書之記載事項

一、任意記載事項

（一）禁止轉讓背書（94、96律師；101、102司法官；107高考三級法制）

記名匯票發票人有禁止轉讓之記載者，不得轉讓（票據法第30條第2項）。故發票人為此記載者，匯票即失其流通性。而背書人於票上記載禁止轉讓者，雖得依背書而轉讓之。然禁止轉讓者，對於禁止後，再由背書取得匯票之人，不負責任。在票據上記載禁止背書轉讓者，必由為此記載之債務人簽名或蓋章，始生禁止背書轉讓之效力[8]。是背書人為禁止轉讓之記載時，應於該處簽名或蓋章，使生禁止背書轉讓之效

---

[7] 最高法院102年度台簡上字第17號民事判決。
[8] 最高法院68年台上字第3779號民事判決。

力,未經簽名或蓋章,致不知係何人所爲之記載,應視爲無記載[9]。

(二)背書日期

背書人得記載背書之年、月、日,其爲任意記載事項(票據法第31條第4項)。例如,甲於2021年10月1日簽發記名匯票交予乙,乙背書轉讓與丙,記載背書日期2021年10月11日。

(三)預備付款人

背書人得記載在付款地之一人,作爲預備付款人(票據法第35條)。倘付款人拒絕付款時,由預備付款人參加付款。準此,預備付款人爲第二順位之付款人。

(四)免除擔保承兌責任

所謂擔保承兌票據,係指債務人以外之第三人對票據承兌所發生之債務,予以保證之行爲。背書人得依特約免除擔保承兌之責,並載明於匯票(票據法第29條第1項、第39條)。

(五)背書人住所

背書人得於票據上記載住所,作爲拒絕事由通知之住所(票據法第89條第4項)。例如,背書人於票據背面記載新北市板橋區縣民大道二段7號3樓。

(六)免除拒絕事由通知之義務

執票人應於拒絕證書作成後4日內,對於背書人、發票人及其他匯票上債務人,將拒絕事由通知之(票據法第89條第1項)。倘有特約免除作成拒絕證書時,執票人應於拒絕承兌或拒絕付款後4日內,爲前項之通知(第2項)。背書人應於收到前項通知後4日內,通知其前手(第3項)。背書人未於票據上記載住所或記載不明時,其通知對背書人之前手爲之(第4項)。發票人、背書人及匯票上其他債務人,得於第89條所定拒絕事由通知期限前,免除執票人通知之義務(票據法第90條)。

---

[9] 潘維大,票據法,三民書局股份有限公司,2003年3月,初版2刷,頁134。

（七）免除作成拒絕證書

發票人或背書人，得為免除作成拒絕證書之記載（票據法第94條第1項）。票據經記載免除作成拒絕證書，倘票據債務人抗辯執票人未經提示付款，票據債務人應負舉證責任。

二、不生票據法之效力

（一）背書之不可分性與單純性

就匯票金額之一部分所為之背書，或將匯票金額分別轉讓於數人之背書，不生效力，此為背書之不可分性。背書附記條件者（collateral condition），其條件視為無記載，而背書本身仍有效力，此為背書之單純性（票據法第36條）。

（二）免除擔保付款

匯票上記載有免除擔保付款之記載者，該記載無效，故背書人於記載免除擔保付款之匯票背書，其背書本身仍有效力（票據法第29條第3項、第39條）。

肆、背書連續（99律師；89司法官）

一、背書連續之定義

所謂背書連續者，係指票據上所為之背書，自最初受款人至最後執票人間，須前後連續而不間斷，具有權利轉讓之關係。執票人應以背書之連續，證明其權利（票據法第37條第1項前段）。付款人對於背書不連續之支票付款者，應自負其責[10]。

二、背書連續之認定

支票執票人應以背書之連續，證明其權利。而基於票據之流通性、無因性及交易之安全，背書是否連續，僅須依支票背面之記載，形式上得以判斷其連續即可。執票人無須證明支票各背書實質上均屬有

---

[10] 最高法院92年度台上字第4393號刑事判決。

效。縱使背書中有無權代理人所爲之背書，或背書有僞造之情形，然於背書之連續並無影響[11]。

（一）背書中有空白背書

背書中有空白背書時，其次之背書人，視爲前空白背書之被背書人（票據法第37條第1項但書）。例如，甲簽發匯票交與乙，乙空白背書轉讓與丙，丙完全背書轉讓與丁，即丙爲乙之被背書人，丁爲丙之被背書人。

（二）背書有塗銷

所謂背書塗銷，係指執票人故意塗銷背書者，其被塗銷之背書人及其被塗銷背書人名次之後，而於未塗銷以前爲背書者，均免其責任（票據法第38條）。反之，背書塗銷者，非執票人故意塗銷之，不影響於票據上之效力（票據法第17條）。塗銷之背書，不影響背書之連續者，對於背書之連續，視爲無記載（票據法第37條第2項）。塗銷之背書，影響背書之連續者，對於背書之連續，視爲未塗銷（第3項）。例如，發票人甲交付票據與乙，乙背書交付與丙，丙背書交付與丁，丁背書交付與戊，戊塗銷丙之背書後，自己背書交付與己。丙與其後手均可免除背書責任。倘丙背書之塗銷影響背書連續，視爲未塗銷，以保護執票人己。

三、背書連續之效力

（一）證據方法之效力

票據依背書而轉讓後，票據關係人之權利義務關係與背書是否連續有密切相關，背書連續成爲證據法之證據方法，票據權利人得以此爲主張權利之證據方法，而票據義務人得以此爲主張抗辯之證據方法。

（二）證明權利之效力

執票人爲票據之權利人，執票人行使票據之權利時，應舉證證明其權利來源之依據，應以背書之連續證明其權利（票據法第37條第1項前段）。準此，背書連續有證明權利之效力。

---

[11] 最高法院74年台上字第810號民事判決。

（三）免除責任之效力

執票人行使票據之付款請求權或追索權時，票據債務人得以背書不連續為抗辯事由，故自票據債務人以觀，背書不連續具免除責任之效力（票據法第37條第1項前段）[12]。

伍、案例解析

一、案例3解析——禁止背書轉讓

（一）無記名匯票

甲簽發之匯票未記載受款人，其為無記名匯票，並無票據法第30條第2項規定，記名匯票發票人有禁止轉讓之記載者，不得轉讓規定之適用。準此，甲於票據上記載禁止背書轉讓之字樣，自不生票據上之效力（票據法第12條）。乙自得將該無記名匯票背書轉讓與丙，該背書轉讓之效力，不受禁止轉讓記載之影響。

（二）記名匯票

甲向建商乙購買預售屋，其簽發面額新臺幣100萬元之記名匯票交付與乙，作為買賣價金之一部。甲為避免票據關係複雜，保留其與乙間因買賣關係所生之抗辯權，而於票據上記載禁止背書轉讓之字樣。嗣後乙為周轉之用途，將匯票背書轉讓與丙，違反票據法第30條第2項規定，故乙之背書不生背書之效力，僅發生民法債權讓與之效力[13]。準此，發票人甲得以其與背書人乙間所存之抗辯事由對抗執票人丙。

二、案例4解析——背書連續

匯票之發票人應於匯票上記載受款人之姓名或商號，未載受款人者以執票人為受款人，無記名本票得依交付轉讓之。執票人得於無記名匯票之空白內，記載自己或他人為受款人，將其變更為記名匯票（票據法第30條第1項後段、第25條第2項）。由發票人將受款人記載於匯票時，

---

[12] 曾世雄、曾陳明汝、曾宛如，票據法論，元照出版有限公司，2005年9月，3版1刷，頁169至170。

[13] 債務人於受通知時，所得對抗讓與人之事由，均得以之對抗受讓人。

須由受款人先爲背書轉讓，始能認爲背書之連續。倘由執票人於無記名匯票之空白內記載受款人，並將匯票背書轉讓與受款人時，因受款人並非自發票人受讓匯票之人，即不能因該受款人未在匯票背書，認爲背書不連續，遂謂其不得向背書人行使票據上權利。準此，乙得向甲、丙行使票據權利。

三、案例5解析——背書方式

在票據上背書，應以簽名或蓋章爲之，雖爲要式行爲，惟簽名或蓋章之方式爲何，並無一定，或必須使用何種印章蓋之，始能符合背書之要式行爲，僅要能表達背書人背書之意旨，而得識別係背書人所蓋之章，即生背書之效力。準此，如案例5所示印文，表明背書之意旨，且得觀出背書人爲「乙股份有限公司」，形式上符合票據法上之背書[14]。

第四節　承　兌

案例6

甲向乙購買貨物，簽發以丙爲付款人、發票日爲2021年1月1日、到期日爲2021年3月1日之匯票與乙，乙將該張匯票背書轉讓與丁。試問：（一）甲簽發匯票時，可否記載本匯票應於發票日起20日內請求承兌？或本匯票應於發票日後20日內請求承兌？（二）甲爲前開提示期間限制後，背書人乙得否再爲有關承兌期間之限制？（三）執票人丁向付款人丙提示承兌時，丙記載「乙如期交貨後始付款」，其效力爲何？

壹、承兌之定義

所謂承兌者（accept），係指匯票付款人於到期日前表示接受或承諾支付委託（promise to pay），記載願照票據文義付款所爲之票據附屬

---
[14] 臺灣高等法院暨所屬法院96年法律座談會民事類提案第12號。

行為。職是，承兌為匯票所獨有之制度。

貳、承兌之類型

一、以承兌之方式區分

（一）正式承兌

所謂正式承兌，係指承兌應在匯票正面記載「承兌」字樣，並由付款人簽名或蓋章之承兌（票據法第43條前段）。例如，甲簽發匯票一紙，其於正面蓋章，並記載承兌文字。

（二）略式承兌

所謂略式承兌，係指付款人僅在匯票正面簽名或蓋章者，而未記載「承兌」字樣，視為承兌（後段）。例如，甲簽發匯票一紙，僅於正面蓋章。

二、以承兌有無限制區分

（一）單純承兌

所謂單純承兌，係指完全依照票載之文義予以承兌，不附加任何條件或負擔之情形。背書與付款均不得一部為之，而承兌得一部承兌（票據法第47條第1項）。

（二）不單純承兌

1. 一部承兌

所謂一部承兌，係指付款人承兌時，經執票人之同意，得就匯票金額之一部分為之。但執票人應將事由通知其前手（票據法第47條第1項）。匯票全部或一部不獲承兌或付款，執票人應請求作成拒絕證書證明之，俾於進行期前追索（票據法第86條第1項）。

2. 附條件承兌

承兌附有條件者，視為承兌之拒絕。但承兌人仍依所附條件負其責任（票據法第47條第2項）。就執票人而言，承兌附條件者，視為承兌之拒絕，其得於到期日前行使追索權，或者依據所附之條件，行使付款請求權，兩者得任選其一行使。

參、承兌之提示

一、提示

（一）提示之定義

　　所謂提示者，係指執票人現實出示票據，以行使或保全票據權利之行為，其為承兌之前提，受提示人為付款人（票據法第42條）。匯票之付款人對於執票人所負付款義務，係基於承兌行為而生，故經承兌，倘非合法撤銷，即不能拒絕付款。

（二）提示之期間

　　執票人於匯票到期日前，得向付款人為承兌之提示（票據法第42條）。除見票即付之匯票外，發票人或背書人得在匯票上為應請求承兌之記載，並得指定其期限（票據法第44條第1項）。發票人得為於一定日期前，禁止請求承兌之記載（第2項）。準此，背書人所定應請求承兌之期限，不得在發票人所定禁止期限之內（第3項）。執票人不於指定承兌期限內為承兌行為者，對於該約定之前手，喪失追索權（票據法第104條第2項）。

二、承兌

　　承兌為付款人之行為，承兌後付款人即成為承兌人，其為匯票之主債務人（principal debtor）。付款人於執票人請求承兌時，得請其延期為之，但以「3日」為限，此為承兌之考慮期間（票據法第48條）。匯票之付款人對於執票人所負付款義務，係基於承兌行為而生，故一經承兌，倘非合法撤銷，則不能拒絕付款。

肆、承兌之款式

一、應記載事項

（一）絕對必要記載事項

　　正式承兌之絕對必要記載事項為「承兌字樣」及「簽名或蓋章」承兌。而略式承兌之絕對必要記載事項，僅在匯票正面「簽名或蓋章」，

即可完成承兌行為。

（二）相對必要記載事項

見票後定期付款之匯票，或指定請求承兌期限之匯票，應由付款人在承兌時，記載其日期（票據法第46條第1項）。承兌日期未經記載時，承兌仍屬有效。但執票人得請求作成拒絕證書，證明承兌日期；未作成拒絕證書者，以第45條所許或發票人指定之承兌期限之末日，為承兌日（第2項）[15]。

二、得記載事項

（一）擔當付款人

付款人於承兌時，得指定擔當付款人（person designated as payer）（票據法第49條第1項）。發票人已指定擔當付款人者，付款人於承兌時，得塗銷或變更之（第2項）。

（二）付款處所

付款人於承兌時，得於匯票上記載付款地（place of disbursement）之付款處所（票據法第50條）。所謂付款地，係指票據金額所應支付之地域。所謂付款處，係指該地域內之特定地點。例如，臺中市為付款地，而臺中市自由路二段79號為付款處所。

伍、承兌之效力

付款人於承兌後，應負付款之責，成為票據之第一債務人（票據法第52條第1項）。承兌人到期不付款者，執票人雖係原發票人，仍得就第97條及第98條所定之金額，直接請求支付（第2項）。

陸、承兌之塗銷

所謂承兌之塗銷者，係指承兌生效前，將其承兌之表示塗銷，以撤

---

[15] 票據法第45條規定：見票後定期付款之匯票，應自發票日起6個月內為承兌之提示。前項期限，發票人得以特約縮短或延長之。但延長之期限不得逾6個月。

回其承兌。付款人雖在匯票上簽名承兌，未將匯票交還執票人前，仍得撤銷其承兌。但已向執票人或匯票簽名人以書面通知承兌者，不在此限（票據法第51條）。

柒、案例6解析——承兌之提示

一、發票人記載提示期限

除見票即付之匯票外，發票人得在匯票上為應請求承兌之記載，並得指定其期限（票據法第44條第1項）。發票人得為於一定日期前，禁止請求承兌之記載（第2項）。執票人不於指定承兌期限內為承兌行為者，對於該約定之前手，喪失追索權（票據法第104條第2項）。發票人甲簽發匯票時，自得記載本匯票應於發票日起20日內請求承兌，此稱承兌提示之命令；或者本匯票應於發票日後20日內請求承兌，此為承兌提示之禁止。

二、背書人記載提示期限

除見票即付之匯票外，背書人固得在匯票上為應請求承兌之記載，並得指定其期限（票據法第44條第1項）。惟背書人所定應請求承兌之期限，不得在發票人所定禁止期限之內（第3項）。是甲為前開提示期間限制後，背書人乙固得再為有關承兌期間之限制，然不得在發票人所定禁止期限內為之。

三、附條件承兌

承兌附條件者，視為承兌之拒絕。但承兌人仍依所附條件負其責任（票據法第47條第2項）。執票人丁向付款人丙提示承兌時，丙記載「乙如期交貨後始付款」，就執票人丁而言，承兌附條件者，視為承兌之拒絕，其得於到期日前行使追索權。或者不行使追索權，丁得依據所附之條件，乙於匯票到期日前有如期交貨，而向付款人丙為付款之提示，行使付款請求權。

第五節　參加承兌

案例7

> 甲於2021年1月1日簽發到期日為2021年5月5日之匯票,面額新臺幣100萬元,以乙為付款人,交付與丙,丙得票後轉讓與丁,丁於同年4月4日持票請求乙承兌,發現乙故意逃避。試問丁欲行使期前追索權,適有戊出面表示願意參加承兌,其效力為何?

壹、參加承兌之定義

　　所謂參加承兌者(acceptance by intervention),係指特定票據人之利益,由第三人加入票據關係,以阻止執票人於到期日前行使追索權之一種附屬票據行為,其為匯票獨有之制度(票據法第53條)。

貳、參加承兌之程序

一、參加承兌之時期

　　參加承兌在於阻止期前追索,即在到期日前有下列情事發生,得參加承兌(票據法第85條第2項):(一)匯票不獲承兌時;(二)付款人或承兌人死亡、逃避或其他原因無從為承兌或付款提示時;(三)付款人或承兌人受破產宣告時。

二、參加承兌人之資格

(一)預備付款人

　　執票人於到期日前得行使追索權時,匯票上指定有預備付款人者,得請求其為參加承兌(票據法第53條第1項)。倘預備付款人自動參加承兌者,執票人不得拒絕,此為當然承兌。

(二)票據債務人以外第三人

　　除預備付款人與票據債務人外,不問何人,經執票人同意,得以票

據債務人中之一人，為被參加人，而為參加承兌，此為任意參加（票據法第53條第2項）。

參、參加承兌之款式

參加承兌，應在匯票正面記載之，並由參加承兌人簽名或蓋章（票據法第54條第1項）。參加承兌之記載事項如後：（一）參加承兌意旨：記載參加承兌意旨之文義（票據法第54條第1項第1款）；（二）被參加人姓名：何人為被參加人，應載明之（第1項第2款）。未記載被參加人者，視為為發票人參加承兌（第2項）；預備付款人為參加承兌時，以指定預備付款人之人，為被參加人（第3項）；（三）記載參加承兌年月日，以確定該項票據行為生效之時期（第1項第3款）。

肆、參加承兌之效力

一、對參加人之效力

（一）通知義務

參加人非受被參加人之委託，而為參加者，應於參加後4日內，將參加事由，通知被參加人（票據法第55條第1項）。參加人怠於為前開通知，因而發生損害時，應負賠償之責（第2項）。

（二）償還義務

付款人或擔當付款人，不於第69條及第70條所定期限內付款時，參加承兌人，應負支付第97條所定金額之責（票據法第57條）。詳言之，付款人或擔當付款人，經執票人為付款提示，不於到期日或其後2日內，為付款之提示；或者付款經執票人之同意，得延期為之，而不於所延期限內為付款者，參加承兌人應支付匯票金額、利息、作成拒絕證書與通知及其他必要費用。

二、對執票人之效力

執票人允許參加承兌後，則不得於到期日前行使追索權（票據法第56條第1項）。故參加承兌有阻止期前追索之功能，此為其消極效力。

三、對被參加人及其前手之效力

執票人向匯票債務人行使追索權時,得要求下列金額:(一)被拒絕承兌或付款之匯票金額,倘有約定利息者,其利息;(二)自到期日起如無約定利率者,依年息6%計算之利息;(三)作成拒絕證書與通知及其他必要費用(票據法第97條第1項)。而於到期日前付款者,自付款日至到期日前之利息,應由匯票金額內扣除(第2項)。無約定利率者,依年息6%計算(第3項)。被參加人及其前手,仍得於參加承兌後,向執票人支付,第97條所定金額,請其交出匯票及拒絕證書(票據法第56條第2項)。

四、對被參加人後手之效力

參加付款人,對於承兌人、被參加付款人及其前手,雖取得執票人之權利,然不得以背書更為轉讓(票據法第84條第1項)。被參加付款人之後手,固得因參加付款而免除債務。然參加承兌人未付款時,則無法免責。

五、付款與參加付款之比較[16]

	付款	參加付款
適用對象	匯票、本票、支票	匯票、本票
目的	消滅票據關係	防止到期追索
付款人	付款人或擔當付款人	任何人
支付金額	得一部付款	不得一部付款

伍、案例7解析──參加承兌之程序

一、期前追索

付款人逃避而無從為承兌時,執票人得於到期日前行使追索權

---

[16] 王志誠,票據法,元照出版有限公司,2008年9月,3版1刷,頁330。

（票據法第85條第2項第2款）。甲於2021年1月1日簽發到期日為2021年5月5日之匯票，以乙為付款人，交付與丙，丙得票後轉讓與丁，丁於同年4月4日持票請求乙承兌，乙故意逃避，執票人丁於行使或保全匯票上權利之行為後，得對於背書人丙、發票人甲行使追索權。

二、票據債務人以外第三人參加承兌

除預備付款人與票據債務人外，不問何人，經執票人同意，得以票據債務人中之一人，為被參加人，而為參加承兌（票據法第53條第2項）。執票人丁欲行使期前追索權，適有戊出面表示願意參加承兌，因戊非預備付款人或票據債務人，應經執票人丁同意，得以票據債務人甲或丙中之一人，為被參加人而為參加承兌，以避免第三人串通債務人共謀，出面參加承兌，以圖拖延時日[17]。

第六節　保　證

案例8

> 甲簽發以乙為付款人、面額為新臺幣100萬元之匯票與丙，作為買賣貨物之價金，丙嗣後將該匯票背書轉讓與丁。試問：（一）丁要求丙之友戊為保證人，戊得否擔任保證人？（二）丁要求乙為保證人，乙得否擔任保證人？（三）丁要求A公司為保證人，A公司得否擔任保證人？（四）丁要求A公司於匯票上背書，A公司得否為背書行為？

壹、票據保證之定義

所謂票據保證者（guarantee），係指票據債務人以外之第三人，以擔保特定票據債務履行票據債務為目的，所為要式與單獨之附隨票據行為。其具有獨立性，縱使被保證人之債務為無效，保證人仍負擔其義

---

[17] 梁宇賢，票據法實例解說，三民書局股份有限公司，1992年2月，增訂4版，頁328。

務。除非被保證人之債務，因方式之欠缺，而為無效者，不在此限（票據法第61條第2項）。匯票之保證，係屬附屬之票據行為，其與民法上之保證有所不同。

貳、保證程序

一、保證時期

票據法對票據保證時期，未明文規定，解釋上不以到期日前為限，甚至於票據權利消滅時效（extinctive prescription）完成後，亦得為之。

二、保證人與被保證人（94律師）

匯票之債務，得由保證人保證之（票據法第58條第1項）。保證人（guarantor），除票據債務人外，不問何人，均得為之，包含自然人與法人（第2項）。準此，被保證人（guaranteed person）以票據債務人為限。

三、票據保證之記載（98律師）

保證應在匯票或其謄本、黏單上之正面或反面，由保證人簽名，並記載法定事項：（一）保證人之意旨；（二）被保證人姓名；（三）年、月、日（票據法第59條第1項）。

（一）保證之意旨

保證得就匯票金額之一部分為之，此為一部保證（票據法第63條）。而債務人以外之人不於票據上記明保證字樣，而簽發票據直接交與債權人之方式，以達成保證目的，此為隱存之票據保證[18]。

（二）被保證人姓名

保證未載明被保證人者，視為為承兌人保證；其未經承兌者，視為為發票人保證，此為被保證人之擬制。但得推知其為何人保證者，不在

---

[18] 最高法院92年度台上字第593號民事判決。

此限（票據法第60條）。

（三）年、月、日

保證未載明年、月、日者，以發票年、月、日爲年、月、日（票據法第59條第2項）。例如，保證未載特定日期者，因發票日爲2021年10月11日，故保證日爲2021年10月11日。

參、票據保證之效力

一、保證人責任（103司法官；107行政執行官）

（一）從屬性

保證人與被保證人，負同一責任（票據法第61條第1項）。故保證人之債務與被保證人之債務，在種類上及數量上應完全相同，此爲票據保證人責任之從屬性。所謂同一責任，係指保證人與被保證人所負責任相同，票據之保證人不得主張民法上之先訴抗辯權。倘債權人允許主債務人延期清償，一般保證人固不負保證責任之規定（民法第755條）。票據保證人與被保證人負同一責任，票據保證人不得因執票人同意票據被保證人延期給付而主張免責，不負票據責任[19]。票據保證人應由票據債務人以外之人爲之（票據法第58條第2項規定）。而保證人與被保證人負同一責任。故保證人並非票據第96條之票據債務人，應無連帶責任可言，保證人與被保證人間成立不眞正連帶債務[20]。

（二）獨立性

所謂獨立性，係指被保證人之債務，縱爲無效，保證人仍負擔其義務。但被保證人之債務，因方式之欠缺，而爲無效者，不在此限（票據法第61條第2項）。例如，爲發票人保證，而發票人未於匯票上簽名或蓋章時，保證人不負保證責任。

---

[19] 最高法院87年度台上字第1389號民事判決。

[20] 票據法第96條第1項規定：發票人、承兌人、背書人及其他票據債務人，對於執票人連帶負責。

（三）共同票據保證

二人以上為保證時，均應連帶負責（票據法第62條）。準此，共同票據保證（coinsurer）場合，保證人應就被保證之債務，各負全部之責任。連帶債務之債權人，得對於債務人中之一人或數人或其全體，同時或先後請求全部或一部之給付（民法第273條第1項）。連帶債務未全部履行前，全體債務人仍負連帶責任（第2項）。

二、保證人權利

保證人清償債務後，得行使執票人對承兌人、被保證人及其前手之追索權，此為法定之移轉（票據法第64條）。故被保證人或其前手，不得以對抗執票人之事由，對抗保證人。

肆、案例8解析——匯票保證人資格與限制

一、保證人之資格

匯票之債務，得由保證人保證之（票據法第58條第1項）。除票據債務人外，不問何人，均得為之，被保證人以票據債務人為限（第2項）。準此，甲簽發以乙為付款人、面額為新臺幣100萬元之匯票與丙，作為買賣貨物之價金。丙嗣後將該匯票背書轉讓與丁，丁要求戊為保證人，因戊非票據債務人，其自得擔任保證人。

二、付款人得為保證人

票據保證人應由票據債務人以外之人為之，付款人於承兌前，尚非匯票之債務人，是執票人丁要求付款人乙為保證人，乙於承兌前，自得擔任本件匯票之保證人。

三、公司為保證人之限制

公司除依其他法律或公司章程規定得為保證者外，不得為任何保證人（公司法第16條第1項）。準此，執票人丁要求A公司為保證人，除非A公司依據其他法律或公司章程規定得為保證者外，原則不得擔任匯票保證人。

四、公司得為背書人

公司法第16條第1項雖規定公司不得為任何保證人,惟公司為匯票背書行為,則為法所准許。準此,丁得要求A公司於該匯票上背書,使A公司依據匯票文義負擔保承兌與付款責任(票據法第39條準用第29條)。

五、票據保證與民法保證之比較[21]

	票據保證	民法保證
適用範圍	匯票、本票	債務
性質	單獨行為	契約行為
目的	擔保票據債務	擔保保證債務
責任	保證人與被保證人負同一責任(票據法第61條第1項)	人之無限責任
效力	不真正連帶責任	代付履行責任
方式	要式行為	不要式行為
從屬性	有效債務之從屬性	有效債務之從屬性
獨立性	無效債務之獨立性(票據法第61條第2項)	無效債務之從屬性,但保證人對於因行為能力之欠缺而無效之債務,如知其情事而為保證者,其保證仍為有效(民法第743條)
補充性	責任地位平等	代付履行責任
權利	清償後行使追索權(票據法第64條)	求償權、代位權(民法第64條)
先訴抗辯	無先訴抗辯	有先訴抗辯
抗辯主張	抗辯事由受限制	主債務人所有之抗辯,保證人得主張之。主債務人拋棄其抗辯者,保證人仍得主張之(民法第742條)
連帶責任	共同保證(票據法第62條)	數人保證同一債務,除契約另有訂定外,應負連帶責任(民法第748條)

---

[21] 王志誠,票據法,元照出版有限公司,2008年9月,3版1刷,頁309至310。

第七節　到期日

案例9

> 甲簽發匯票與乙，倘該匯票分別記載如後，試問其到期日如何計算？（一）發票日為2021年1月1日，發票日後1個月半付款。（二）發票日為2021年4月30日，發票日後1個月付款。（三）發票日為2021年9月30日，發票日後5個月付款。（四）發票日為2021年12月30日，發票日後3個月半付款。

壹、到期日之定義與作用

一、到期日之定義

　　所謂到期日者（date of maturity），係指匯票上所記載對於一定金額應為支付之日期，票據債務人應依照票據文義履行付款義務，票據債權人得請求付款之期日。

二、到期日之作用

　　到期日具有下列三種作用：（一）執票人應於到期日或其後2日內，為付款之提示（票據法第69條第1項），否則對其前手喪失追索權（票據法第104條）；（二）票據權利之消滅時效，自到期日起進行（票據法第22條第1項）[22]；（三）到期日前之付款，執票人得拒絕之。付款人於到期日前付款者，應自負其責（票據法第72條）。

---

[22] 最高法院108年度台上字第1635號民事判決：按消滅時效，自請求權可行使時起算；且時效期間，不得以法律行為加長或縮短之，並不得預先拋棄時效之利益。民法第128條前段、第147條分別定有明文。

貳、到期日之類型

一、見票即付（98司法官）

　　所謂見票即付之匯票或即期匯票，係指見票後立即付款之匯票，其記載「見票即付」字樣（票據法第65條第1項第3款）。未載到期日者（maturity date），視為見票即付（票據法第24條第2項）。見票即付之匯票，以提示日為到期日（票據法第66條第1項）。見票後定期付款之匯票，應自發票日起6個月內為承兌之提示。前項期限，發票人得以特約縮短或延長之。但延長之期限不得逾6個月（票據法第45條、第66條第2項）。

二、定日付款

　　所謂定日匯票或定期匯票，係指定期日付款匯票（票據法第65條第1項第1款）。例如，到期日為2021年1月1日。票上僅載月初、月中、月底者，謂月之1日、15日、末日（票據法第68條第3項）。

三、發票日後定期付款

　　所謂發票日後定期付款或計期付款，係指發票日後定期付款之匯票（票據法第65條第1項第2款）。例如，發票日後2個月付款。發票日後1個月或數個月付款之匯票，以在應付款之月與該日期相當之日為到期日，無相當日者，以該月末日為到期日（票據法第68條第1項）。發票日後1個月半或數個月半付款之匯票，應依前開規定計算全月後，加15日，以其末日為到期日（第2項）。

四、見票後定期付款

　　見票後定期付款或註期匯票，係指見票後定期付款之匯票（票據法第65條第1項第4款）。例如，見票後30日付款。所謂見票，係指承兌時之見票。而見票後定期付款之匯票，或指定請求承兌期限之匯票，應由付款人在承兌時，記載其日期（票據法第46條第1項），藉以確定到期日。見票後定期付款之匯票，依承兌日或拒絕承兌證書作成日，計算

到期日（票據法第67條第1項）。匯票經拒絕承兌而未作成拒絕承兌證書者，應自發票日起6個月之末日，或發票人依據特約延長，自發票日不逾1年期限之末日，計算到期日（第2項）。再者，見票日後1個月或數個月付款之匯票，以在應付款之月與該日期相當之日為到期日，無相當日者，以該月末日為到期日（票據法第68條第1項）。見票日後1個月半或數個月半付款之匯票，應依前開規定計算全月後，加15日，以其末日為到期日（第2項）。票上僅載月初、月中、月底者，謂月之1日、15日、末日（第3項）。

參、分期付款之匯票

一、分期付款之定義

所謂分期付款（installment payment）之匯票者，係指匯票債務人對於票據上之金額，以分期之方式而為付款之匯票。其到期日之計算方式，適用票據法第65條第1項規定。分期付款票據，受款人於逐次受領票款及利息時，應分別給予收據，並於票據上記明領取票款之期別、金額及日期（票據法施行細則第10條）。

二、喪失分期利益之事由

（一）分期款遲延

分期付款之匯票，其中任何一期，到期不獲付款時，未到期部分，視為全部到期（票據法第65條第2項）。前開視為到期之匯票金額中所含未到期之利息，而於清償時，應扣減之（第3項）。依票據法第65條第3項規定，應扣減之利息，其有約定利率者，依約定利率扣減，未約定利率者，依票據法第28條第2項規定之利率扣減（票據法施行細則第9條）[23]。

（二）利息遲延

利息（interest）經約定於匯票到期日前分期付款者，任何一期利

---

[23] 票據法第28條第2項規定：利率未經載明時，定為年利6釐。

息到期不獲付款時，全部匯票金額視為均已到期（票據法第65條第4項）。

肆、案例9解析──到期日之計算方式

一、發票日後1個月半付款

發票日後1個月半之匯票，應依第68條第1項規定計算「全月後」，加「15日」，以其末日為到期日（票據法第68條第2項）。匯票記載發票日為2021年1月1日，發票日後1個月半付款，其到期日為2021年2月16日。

二、發票日後1個月付款

發票日後1個月或數個月付款之匯票，以在應付款之月與該日期相當之日為到期日，無相當日者，以該月末日為到期日（票據法第68條第1項）。匯票記載發票日為2021年4月30日，發票日後1個月付款，其到期日為2021年5月30日。

三、無相當日者，而以該月末日為到期日

匯票記載發票日為2021年9月30日，發票日後5個月付款。因2021年2月並無30日，依據票據法第68條第1項後段，其到期日為2021年2月28日。

四、發票日後3個月半付款

發票日後數個月半付款之匯票，計算「全月後」，加「15日」，以其末日為到期日（票據法第68條第2項）。準此，發票日為2021年12月30日，發票日後3個月半付款，其到期日為2022年4月14日。

第八節 付 款

案例10

　　甲於2021年1月1日簽發以乙為付款人、面額新臺幣100萬元，到期日為2021年3月1日之匯票與丙，丙背書轉讓與丁。試問：（一）執票人丁應於何時向何人為付款提示？（二）執票人丁遲至2021年4月1日始為付款提示，其效力如何？

壹、付款之定義

　　所謂付款者（pay），係指付款人、擔當付款人、承兌人或參加承兌人，向執票人支付票據金額，以消滅票據關係之行為。執票人之付款請求權，為票據之第一次權利。

貳、付款之類型

一、以支付金額區分

　　依據付款時是否支付票據金額之全部為區分，可分全部付款與一部付款：（一）所謂全部付款，係指支付票據金額之全部；（二）所謂一部付款，係指支付票據金額之一部，執票人不得拒絕一部分之付款（票據法第73條）。

二、以到期日區分

（一）到期付款

　　執票人應於到期日或其後2日內，為付款之提示（票據法第69條第1項）。例如，匯票之到期日為2021年10月11日，執票人應自2021年10月11日起至10月13日期間，為付款之提示。付款經執票人之同意，得延期為之，但以提示後3日為限（票據法第70條）。

（二）期外付款

　　所謂期外付款者，係指非於到期期間付款而言。其亦可分期前付款及期後付款：1.期前付款依據票據法第72條規定，到期日前之付款，執票人得拒絕之。付款人於到期日前付款者，應負擔危險責任；2.所謂期後付款，係指付款提示期間經過後，或拒絕付款證書作成後之付款。承兌人為匯票之主債務人，負有絕對付款責任，在法定付款提示期限經過後，迄消滅時效完成前，仍不能免除其付款之義務。倘執票人在第69條所定期限內，不為付款之提示時，票據債務人得將匯票金額依法提存；其提存費用，由執票人負擔之（票據法第67條）。依法提存後，可免除票據債務。

參、付款之程序

一、提示

　　所謂提示者（prompt），係指執票人向付款人、承兌人或擔當付款人現實出示票據，請求其付款之行為，是提示票據為行使票款請求權之要件。

（一）提示期間

1.見票即付

　　見票即付之匯票，以提示日為到期日（票據法第66條第1項）。第45條規定，其於前開提示準用之（第2項）。即見票後定期付款之匯票，應自發票日起6個月內為承兌之提示（票據法第45條第1項）。前開期限，發票人得以特約縮短或延長之。但延長之期限不得逾6個月（第2項）。

2.非見票即付（94司法官）

　　執票人應於到期日或其後2日內，為付款之提示（票據法第69條第1項）。匯票上雖有免除作成拒絕證書之記載，執票人仍應於所定期限內，為承兌或付款之提示，然對於執票人主張未為提示者，應負舉證之責（票據法第95條）。

（二）當事人

提示之當事人有提示人及受提示人，提示人為執票人（holder）與其代理人。受提示人有四：1.付款人；2.擔當付款人：匯票上載有擔當付款人者，其付款之提示，應向擔當付款人為之（票據法第69條第2項）；3.票據交換所：為交換票據，向票據交換所提示者，其與付款之提示，有同一效力（票據法第69條第3項）；4.參加承兌人與預備付款人：付款人或擔當付款人不於第69條及第70條所定期限內付款者，有參加承兌人時，執票人應向參加承兌人為付款之提示；無參加承兌人而有預備付款人時，應向預備付款人為付款之提示（票據法第79條第1項）。

二、付款

（一）付款時期

原則上，匯票已屆到期日執票人提示票據請求付款時，應即付款。例外情事，係經執票人之同意，得延期為之。但以提示後3日為限（票據法第70條）。

（二）付款人之責任

付款人於付款時負有審查票據之責任，其應審查票據是否具備法定款式與背書是否連續[24]。換言之，付款人對於背書不連續之匯票而付款者，應自負其責（票據法第71條第1項）。至於付款人對於背書簽名之眞僞或執票人是否票據權利人，不負認定之責。除非具有惡意及重大過失時，不在此限（第2項）。

（三）付款人之權利

1. 請求交出票據

因匯票為繳回證券，故付款人付款時，得要求執票人記載收訖字樣，簽名為證，並交出匯票（票據法第74條第1項）。故匯票之執票人於背面付款人所印「請收款人填寫姓名」簽名，自與背書之性質有間。

---

[24] 最高法院80年度台上字第150號判決。

2. 一部付款

付款人爲一部分之付款，執票人不得拒絕（票據法第73條）。付款人爲一部分之付款時，得要求執票人在票上記載所收金額，並另給收據（票據法第74條第2項）。匯票一部不獲付款，執票人應請求作成拒絕證書證明之（票據法第86條第1項）。倘執票人未遵守前開規定，則會喪失追索權。

（四）付款之標的

匯票爲金錢證券，故其付款之標的，自應以貨幣爲限。詳言之，表示匯票金額之貨幣，如爲付款地不通用者，得依付款日行市，以付款地通用之貨幣支付之。但有特約者，不在此限（票據法第75條第1項）。表示匯票金額之貨幣，倘在發票地與付款地，名同價異者，推定其爲付款地之貨幣（第2項）。

三、付款之效力

匯票經付款後，票據權利即歸於消滅。故付款人就票據金額之全部付款，該票據權利全部消滅；倘就票據金額之一部付款，則票據權利僅一部消滅。

肆、案例10解析——付款提示

一、提示期間

執票人應於到期日或其後2日內，爲付款之提示（票據法第69條第1項）。甲於2021年1月1日簽發以乙爲付款人、面額新臺幣100萬元、到期日爲2021年3月1日之匯票與丙，丙背書轉讓與丁，執票人丁應於2021年3月1日起至同年3月3日止，向付款人乙爲付款之提示。

二、不遵期提示之效果

執票人不於本法所定提示期間爲付款之提示，將對於前手喪失追索權（票據法第104條第1項）。執票人丁遲至2021年4月1日始爲付款提示，已喪失對其前手即發票人甲與背書人丙之追索權。對付款人乙而

言，未就匯票加以承兌時，乙非屬票據債務人，自不負付款之義務。反之，乙已為承兌，因承兌人為匯票之主債務人，負有絕對付款責任，在法定付款提示期限經過後，迄消滅時效完成前，仍不能免除其付款之義務，縱使執票人丁未遵期提示，承兌人乙仍應負責（票據法第22條第1項）。

三、利益償還請求權

票據上之債權，雖依本法因時效或手續之欠缺而消滅，執票人對於發票人或承兌人，而於其所受利益之限度，得請求償還（票據法第22條第4項）。準此，倘承兌人因承兌而受有利益，其於所受利益之限度，應償還與執票人丁。

第九節　參加付款

案例11

> 甲於2021年8月1日簽發面額新臺幣100萬元之匯票，到期日2021年10月1日，乙為付款人，丙為預備付款人，甲交付與丁，丁背書轉讓與戊，戊於到期日，持票向付款人提示，請求付款被拒絕。試問：（一）何人有資格為參加付款人？（二）丙參加付款後，有何權利義務？

壹、參加付款之定義

所謂參加付款者（payment for honour），係指付款人或擔當付款人以外之第三人，其於票據拒絕承兌或拒絕付款時，為特定票據債務人之利益，向執票人為付款，以阻止追索權行使之行為。

貳、參加付款之程序

一、參加之時期

參加付款，應於執票人得行使追索權時為之。但至遲不得逾拒絕證書作成期限之末日（票據法第77條）。拒絕證書類型，包括拒絕承兌證書及拒絕付款證書。詳言之：（一）拒絕承兌證書，應於提示承兌期限內作成之（票據法第87條第1項）；（二）拒絕付款證書，應以拒絕付款日或其後5日內作成之（第2項本文）。但執票人允許延期付款時，應於延期之末日，或其後5日內作成之（第2項但書）。

二、參加付款之當事人

（一）參加人

1. 一般參加人

所謂一般參加或任意參加，係指參加付款，不問何人均得為之（票據法第78條第1項）。倘執票人拒絕參加付款者，對於被參加人及其後手喪失追索權（第2項）。

2. 當然參加人

參加承兌人及預備付款人為當然參加人（payer for honour）。詳言之，付款人或擔當付款人不於票據法第69條及第70條所定期限內付款者，有參加承兌人（acceptor for honour）時，執票人應向參加承兌人為付款之提示；無參加承兌人而有預備付款人時，應向預備付款人為付款之提示（票據法第79條第1項）。參加承兌人或預備付款人，不於付款提示時為清償者，執票人應請作成拒絕付款證書之機關，於拒絕證書上載明之（第2項）。執票人違反前開規定時，對於被參加人與指定預備付款人之人及其後手，喪失追索權（第3項）。

3. 優先參加人

所謂競合參加，係指請求為參加付款者，有數人時，其能免除最多數之債務者，有優先權（right of priority）（票據法第80條第1項）。故意違反前開規定為參加付款者，對於因之未能免除債務之人，喪失追索權（第2項）。能免除最多數之債務者有數人時，應由受被參加人之委託者或預備付款人參加之（第3項）。

（二）被參加人

所謂被參加人，係指因參加付款而受有利益之人。被參加人當然是票據債務人，其包含發票人、背書人、承兌人、保證人。例如，參加承兌人為參加人時，承兌人為被參加人。

三、參加付款之金額

參加付款，應就被參加人應支付金額之全部為之，故不許一部參加付款（票據法第81條）。例如，參加承兌人為參加人時，匯票金額為新臺幣100萬元，應就參加人應支付金額之100萬元全部為之。

參、參加付款之款式

參加付款，應於「拒絕付款證書」內記載之（票據法第82條第1項），或者「拒絕承兌證書」。並在其上簽名或蓋章，以負文義之責任（票據法第5條第1項）。其應記載事項如後：（一）參加付款之意旨；（二）被參加人姓名：參加承兌人付款，以被參加承兌人為被參加付款人，預備付款人付款，以指定預備付款人之人為被參加付款人（票據法第82條第2項）。無參加承兌人或預備付款人，而匯票上未記載被參加付款人者，以發票人為被參加付款人，能免除最多數人之債務（第3項）；（三）參加付款之年、月、日。

肆、參加付款之效力

一、執票人

執票人拒絕參加付款者，對於被參加人及其後手喪失追索權（票據法第78條第2項）。參加付款後，執票人應將匯票及收款清單交付參加付款人，有拒絕證書者，應一併交付之（票據法第83條第1項）。違反前開規定者，對於參加付款人，應負損害賠償責任（第2項）。

二、參加付款人

參加付款人對於承兌人、被參加付款人及其前手取得執票人之權利。但不得以背書更為轉讓（票據法第84條第1項）。被參加付款人之

後手，因參加付款而免除債務（第2項）。

三、參加付款與參加承兌之區別[25]

	參加付款	參加承兌
適用票據	匯票、本票	匯票
時期	應於執票人得行使追索權時為之，但至遲不得逾拒絕證明作成期限之末日（票據法第77條）	執票人於到期日前得行使追索權時（票據法第53條第1項前段）
目的	付款人於承兌後，應負付款之責，為主債務人（票據法第52條第1項）	執票人允許參加承兌後，不得於到期日前行使追索權（票據法第56條第1項）。付款人或擔當付款人，不於第69條及第70條所定期限內付款時，參加承兌人應負支付第97條所定金額之責，為第二債務人（票據法第57條）
次序	請為參加付款者有數人時，其能免除最多數之債務者，有優先權（票據法第80條第1項）	無優先次序
執票人意思	執票人拒絕參加付款者，對於被參加人及其後手喪失追索權（票據法第78條第2項）	除預備付款人與票據債務人外，不問何人，經執票人同意，得以票據債務人中之一人為被參加人，而為參加承兌（票據法第53條第2項）
效力	消滅全部或部分之票據關係	參加付款人，對於承兌人、被參加付款人及其前手，取得執票人之權利，票據權利未全部消滅（票據法第84條第1項）

伍、案例11解析──參加付款人之資格與權義

一、參加付款人之資格

甲簽發匯票交與丁，乙為付款人，丙為預備付款人，丁背書轉讓與戊，戊於到期日，持票向付款人乙提示，請求付款被拒絕時，預備付款人丙為當然參加人，丙得參加付款。或者，由任何人參加付款（票據法

---

[25] 王文宇、林育廷，票據法與支付工具規範，元照出版有限公司，2008年3月，頁179至180。

第78條第1項）。倘執票人戊拒絕參加付款者，對於被參加人及其後手喪失追索權（第2項）。

二、參加付款人之權利義務

（一）參加付款人之權利

丙參加付款後，執票人戊應將匯票及收款清單交付參加付款人丙，有拒絕證書者，應一併交付之。丙雖對於被參加付款人丁及其前手甲取得執票人之權利，惟丙不得以背書更為轉讓（票據法第84條第1項），僅得依據民法一般債權讓與方法為之（民法第297條至第299條）。

（二）參加付款人之義務

參加人丙非受被參加人丁之委託，而為參加者，應於參加後4日內，將參加事由，通知被參加人丁。參加人丙怠於為前開通知，因而發生損害時，應負賠償之責（票據法第55條、第82條第4項）。

第十節　追索權

案例12

> 　　甲向乙購買土地一筆，其簽發以丙為付款人、票面金額為新臺幣300萬元、到期日2021年10月11日之記名式匯票與乙，作為支付買賣價金之用途。乙背書轉讓與丁，丁再背書轉讓與戊，執票人戊遵期向付款人丙為付款提示，惟未獲付款。試問：（一）執票人戊得向何人行使追索權？其得請求之金額為何？（二）執票人戊與發票人達成協議，由甲另行簽發一張新匯票，向戊換回該未獲付款之匯票，原票據債務人應否對新匯票負責？

案例13

　　票據執票人甲對背書人乙、丙追索票款，背書人乙或丙為時效抗辯，其餘背書人未為抗辯其時效尚未完成時。試問法院就該部分，應為如何之判決？背書人乙或丙應否負票據債務人之責任？

案例14

　　甲執有以乙名義簽發之匯票一紙，向乙行使票據追索權，乙對匯票印文之真正並不爭執，惟抗辯匯票與印章被丙盜用，並已舉證證明支票，並非由乙親自簽發。試問乙對於丙未經授權使用匯票與印章，應否負舉證責任？

壹、追索權之定義

　　所謂追索權者（right of recovery），係指票據不獲付款或不獲承兌或其他之法定原因時，執票人於行使或保全票據上之權利後，對於其前手請求償還票據金額、利息及費用之一種票據上之權利（票據法第85條第1項）[26]。

貳、追索權之種類

一、到期追索

　　匯票到期不獲付款時，執票人於行使或保全匯票上權利之行為後，對於背書人、發票人及匯票上其他債務人，得行使票據之追索權（票據法第85條第1項）。

---

[26] 票據雖經公示催告，在尚未經除權判決前，執票人仍得對發票人及背書人主張票據上之權利。

二、期前追索

匯票有下列情形之一者，雖在到期日前，執票人得行使追索權（票據法第85條第2項）：（一）匯票不獲承兌時；（二）付款人或承兌人死亡、逃避或其他原因無從爲承兌或付款提示時；（三）付款人或承兌人受破產宣告（rendition of bankruptcy）時。

參、追索權之主體

一、追索權人

（一）執票人

執票人得不依負擔債務之先後，對於發票人、承兌人、背書人及其他票據債務人之一人或數人或全體，行使票據之追索權（票據法第96條第1項、第2項）。

（二）背書人（96司法官）

背書人被追索者，已爲清償時，雖與執票人有同一權利，得行使對其前手之追索權（票據法第96條第4項）。然執票人爲發票人時，對其前手無追索權（票據法第99條第1項）。執票人爲背書人時，對該背書之後手無追索權（第2項）。

（三）保證人

保證人並非票據法第96條之票據債務人，應無連帶責任可言。保證人清償債務後，得行使執票人對承兌人、被保證人及其前手之追索權（票據法第64條）。

（四）參加付款人

參加付款人對於承兌人、被參加付款人及其前手取得執票人之權利（票據法第84條第1項本文）。但不得以背書更爲轉讓（第1項但書）。被參加付款人之後手，因參加付款而免除債務（第2項）。

二、償還義務人

（一）發票人及背書人

發票人應照匯票文義擔保承兌及付款（票據法第29條第1項本文、第39條）。匯票到期不獲付款時，執票人於行使或保全匯票上權利之行為後，對於背書人、發票人得行使追索權（票據法第85條第1項）。

（二）承兌人

承兌人與發票人、背書人及其他票據債務人，對於執票人連帶負責（票據法第96條第1項）。執票人得不依負擔債務之先後，對於前開債務人之一人或數人或全體行使追索權（第2項）。

（三）保證人及參加承兌人

保證人與被保證人，負同一責任（票據法第61條第1項）。付款人或擔當付款人，不於第69條及第70條所定期限內付款時，參加承兌人，應負支付第97條所定金額之責（票據法第57條）。

肆、追索權之客體

一、最初追索

執票人向匯票債務人行使追索權時，得要求下列金額（票據法第97條第1項）：（一）匯票金額及約定利息：被拒絕承兌或付款之匯票金額，如有約定利息者，其利息（第1項第1款）。而於到期日前付款者，自付款日至到期日前之利息，應由匯票金額內扣除（第2項）。無約定利率者，依年息6%計算（第3項）；（二）法定利息：自到期日起如無約定利率者，依年息6%計算之利息（第1項第2款）；（三）必要費用：作成拒絕證書與通知及其他必要費用（第1項第3款）。費用以必要為限。例如，郵費、計算書作成之費用。

二、再追索

票據債務人為第97條之清償者，得向承兌人或前手要求下列金額：（一）所求付之總金額；（二）前款金額之利息；（三）所支出之必要費用（票據法第98條第1項）。發票人為第97條之清償者，亦得向

承兌人要求前開金額、利息及費用（第2項）。

伍、追索權之行使程序

一、匯票之遵期提示

（一）原則（98律師；98司法官）

執票人須於法定或約定期限內為承兌提示或付款提示，匯票上雖有免除作成拒絕證書之記載，執票人仍應於所定期限內，為承兌或付款之提示。但對於執票人主張未為提示者，應負舉證之責（票據法第95條）。執票人未於法定期限內提示者，則喪失追索權（票據法第104條）。

（二）例外

匯票不須遵期提示之事由如後：1.已作成拒絕承兌證書者：拒絕承兌證書作成後，無須再為付款提示，亦無須再請求作成付款拒絕證書（票據法第88條）；2.無從提示者：付款人或承兌人死亡、逃避或其他原因無從為承兌或付款提示時（票據法第85條第2項第2款）；3.付款人或承兌人受破產宣告時（票據法第85條第2項第3款）；4.不可抗力事變：執票人因不可抗力之事變（force majeure event），不能於所定期限內為承兌或付款之提示，應於不可抗力之事變終止後，執票人應即對付款人提示。如事變延至到期日後30日以外時，執票人得逕行使追索權，無須提示或作成拒絕證書。匯票為見票即付或見票後定期付款者，30日之期限，自執票人通知其前手之日起算（票據法第105條）。

二、拒絕證書之作成

（一）原則

匯票全部或一部不獲承兌或付款，或無從為承兌或付款提示時，執票人應請求作成拒絕證書證明之（票據法第86條第1項）。作成之期限如後：1.拒絕承兌證書，應於提示承兌期限內作成之（票據法第87條第1項）；2.拒絕付款證書，應以拒絕付款日或其後5日內作成之（第2項）。但執票人允許延期付款時，應於延期之末日，或其後5日內作成之（第3項）。

（二）例外

1.略式拒絕證書或宣告破產裁定

付款人或承兌人在匯票上記載提示日期，暨全部或一部承兌或付款之拒絕，經其簽名後，其與作成拒絕證書，有同一效力（票據法第86條第2項）。付款人或承兌人之破產，以宣告破產裁定之正本或節本證明之（第3項）。

2.免除作成拒絕證書

發票人或背書人，得為免除作成拒絕證書之記載（票據法第94條第1項）。發票人為前開記載時，執票人得不請求作成拒絕證書而行使追索權。但執票人仍請求作成拒絕證書時，應自負擔其費用（第2項）。背書人為第1項記載時，僅對於該背書人發生效力，對其他票據債務人追索時，仍須作成拒絕證書。執票人作成拒絕證書者，得向匯票上其他簽名人，要求償還其費用（第3項）。

3.不可抗力事變

執票人因不可抗力之事變，不能於所定期限內為承兌或付款之提示，應將其事由從速通知發票人、背書人及其他票據債務人（票據法第105條第1項）。倘如事變延至到期日後30日以外時，執票人得逕行使追索權，無須提示或作成拒絕證書（第4項）。

三、拒絕事由通知

（一）通知期限

執票人應於拒絕證書作成後4日內，對於背書人發票人及其他匯票上債務人，將拒絕事由通知之（票據法第89條第1項）。如有特約免除作成拒絕證書時，執票人應於拒絕承兌或拒絕付款後4日內，為前開之通知（第2項）。背書人應於收到前開通知後4日內，通知其前手（第3項）。背書人未於票據上記載住所或記載不明時，其通知對背書人之前手為之（第4項）。

（二）通知方法

通知得用任何方法為之。但主張於本法第89條所定拒絕事由期限內，曾為通知者，應負舉證之責（burden of adducing evidence）（票

據法第91條第1項）。付郵遞送之通知，如封面所記被通知人之住所無誤，視爲已經通知（第2項）。

（三）通知義務之免除

執票人應於拒絕證書作成後4日內，對於背書人、發票人及其他匯票上債務人，將拒絕事由通知之（票據法第89條第1項）。如有特約免除作成拒絕證書時，執票人應於拒絕承兌或拒絕付款後4日內，爲前項之通知（第2項）。背書人應於收到前項通知後4日內，通知其前手（第3項）。背書人未於票據上記載住所或記載不明時，其通知對背書人之前手爲之（第4項）。而發票人背書人及匯票上其他債務人，得於本法第89條所定拒絕事由通知期限前，免除執票人通知之義務（票據法第90條）。

（四）怠於通知之效果

不於本法第89條所定期限內爲通知者，雖得行使追索權。然因其怠於通知發生損害時，應負賠償之責，其賠償金額，不得超過匯票金額（票據法第93條）。

陸、追索權之效力

一、對追索權人之效力

（一）選擇追索權

所謂選擇追索權（optional recovery）或飛越追索權，係指執票人得不依負擔債務之先後，對於發票人、承兌人、背書人及其他票據債務人之一人或數人或全體行使追索權（票據法第96條第2項）。發票人、承兌人、背書人及其他票據債務人，對於執票人連帶負責（第1項）。

（二）變更追索權

所謂變更追索權（alterable recovery）或稱轉向追索權，係指執票人對於債務人之一人或數人已爲追索者，對於其他票據債務人，仍得行使追索權（票據法第96條第3項）。

（三）代位追索權

所謂代位追索權（subrogation of recovery）或再追索權，係指被追

索者，已為清償時，而與執票人有同一權利，得行使追索權（票據法第96條第4項）。

（四）回頭匯票之發行

1.發行要件

有追索權者，得以發票人或前背書人之一人或其他票據債務人為付款向其住所所在地發行（distribute）見票即付之匯票。但有相反約定時，不在此限（票據法第102條第1項）。前開匯票之金額，其於本法第97條及第98條所列者外，得加經紀費及印花稅（第2項）。

2.回頭匯票金額

執票人依第102條規定發匯票時，其金額依原匯票付款地匯往前手所在地之見票即付匯票市價（market price）決定（票據法第103條第1項）。背書人依第102條規定發匯票時，其金額依其所在地匯往前手所在地之見票即付匯票市價決定（第2項）。前開之市價，以發票日（date of invoice）市價為準（第3項）。

二、對償還義務人之效力

（一）連帶責任

發票人承兌人背書人及其他票據債務人，對於執票人連帶負責（票據法第96條第1項）。執票人得不依負擔債務之先後，對於前項債務人之一人或數人或全體行使追索權（第2項）。所謂連帶負責，係指各票據債務人就執票人所得追索之金額，負全部清償責任，此雖與民法之連帶債務相當，然就票據債務人相互間之內部關係言，僅有追索權之問題，故票據債務人為清償時，僅得對其前手行使追索權，直至發票人為止，而票據債務人相互間，並無內部如何分擔之問題，並無民法上連帶債務人間分擔、求償或代位之關係。票據法所稱之連帶負責者，係一種不完全連帶責任，此與民法上之連帶債務有別[27]。例如，執票人對前背書人之追索權消滅時效，已罹於時效者，後背書人不得逕行援用民法

---

[27] 最高法院90年度台上字第153號、91年度台簡上字第23號民事判決。

第276條第2項規定，主張時效利益而免其責任[28]。

（二）償還人權利

償還人權利有如後權利：1.再追索權：被追索之票據債務人，已為清償時，其與執票人有同一權利（票據法第96條第4項）；2.請求交出匯票及書據權：匯票債務人為清償時，執票人應交出匯票，有拒絕證書時，應一併交出（票據法第100條第1項）。匯票債務人為前開清償，如有利息及費用者，執票人應出具收據及償還計算書（第2項）；3.背書塗銷權：背書人為清償時，得塗銷自己及其後手之背書，以免除該背書人與其後手之責任（票據法第100條第3項）；4.請求記載清償事由權：匯票金額一部分獲承兌時，清償未獲承兌部分之人，得要求執票人在匯票上記載其事由，另行出具收據，並交出匯票之謄本及拒絕承兌證書（票據法第101條）。

柒、追索權之喪失

一、追索權喪失之事由

追索權喪失之事由如後：（一）票據權利之消滅時效完成（票據法第22條）；（二）執票人拒絕參加付款（票據法第78條第2項）；（三）執票人違反票據法第79條第1項、第2項規定（票據法第79條第3項）[29]；（四）故意違反本法第80條第1項規定為參加付款者，對於因之未能免除債務之人，喪失追索權（票據法第80條第2項）[30]；（五）拋棄追索權或不遵守期限。

---

[28] 民法第276條第1項規定：債權人向連帶債務人中之一人免除債務，而無消滅全部債務之意思表示者，除該債務人應分擔之部分外，他債務人仍不免其責任。第2項規定：前項規定，於連帶債務人中之一人消滅時效已完成者準用之。

[29] 付款人或擔當付款人不於第69條及第70條所定期限內付款者，有參加承兌人時，執票人應向參加承兌人為付款之提示；無參加承兌人而有預備付款人時，應向預備付款人為付款之提示。參加承兌人或預備付款人，不於付款提示時為清償者，執票人應請作成拒絕付款證書之機關，於拒絕證書上載明之。

[30] 請求為參加付款者，有數人時，其能免除最多數之債務者，有優先權。

二、追索權喪失之救濟

（一）期限當然延長

　　執票人因不可抗力之事變，不能於所定期限內爲承兌或付款之提示，應將其事由從速通知發票人、背書人及其他票據債務人（票據法第105條第1項）。不可抗力之事變終止後，執票人應即對付款人提示（第3項）。例如，匯票雖經檢察官扣押，然檢察官之扣押，其與票據法第105條所定執票人因不可抗力之事變，不能於所定期限內爲付款之提示之情形有間[31]。

（二）逕行行使追索權

　　倘事變延至到期日後30日以外時，執票人得逕行使追索權，無須提示或作成拒絕證書（票據法第105條第4項）。匯票爲見票即付或見票後定期付款者，前開30日之期限，自執票人通知其前手之日起算（第5項）。

捌、案例解析

一、案例12解析──追索權之行使

（一）追索權行使之對象

　　匯票到期不獲付款時，執票人於行使或保全匯票上權利之行爲後，對於背書人、發票人及匯票上其他債務人得行使追索權（票據法第85條第1項）。甲向乙購買土地一筆，其簽發以丙爲付款人、票面金額爲新臺幣（下同）300萬元，到期日2021年10月11日之記名式匯票與乙，作爲支付買賣價金之用途。乙背書轉讓與丁，丁再背書轉讓與戊，執票人戊雖遵期向付款人丙爲付款提示，惟未獲付款，執票人戊得向發票人甲與背書人乙、丁行使追索權。至於付款人丙是否爲被追索之對象，應視其是否已承兌。倘未承兌者，則非匯票債務人，戊不得對其行使追索權。反之，丙已承兌成爲承兌人，戊自得對其行使追索權（票據法第96條）。

---

[31] 最高法院70年度台上字第3163號民事判決。

（二）追索之金額

執票人戊向匯票債務人行使追索權時，得請求被拒絕付款之匯票金額300萬元。因本件未約定利率或利息，戊得請求自到期日，即2021年10月11日起，依年息6%計算之利息。暨作成拒絕證書與通知及其他必要費用（票據法第97條第1項）。

（三）簽名人責任

在票據上簽名者，依票上所載文義負責（票據法第5條第1項）。二人以上共同簽名時，應連帶負責（第2項）。執票人戊與發票人甲達成協議，由甲另行簽發一張新匯票，向戊換回該未獲付款之匯票，原票據債務人，除甲以外，均未於新匯票上簽名，自毋庸負票據責任，僅須發票人甲對新簽發之匯票負文義責任。

二、案例13解析──票據之時效抗辯

（一）前背書人乙為時效抗辯

背書人間對於執票人固應連帶負責，惟就其內部關係言，後背書人與前背書人間並無分擔部分，前背書人乙向執票人為時效抗辯而免其責任，倘認後背書人仍應負責，後背書人清償即得依票據法第22條第3項規定向前背書人追索票款，無異剝奪前背書人之時效利益，參酌民法第276條第2項規定，法院就丙部分應為甲敗訴之判決[32]。

（二）後背書人丙為時效抗辯

背書人對於執票人連帶負責，執票人得不依負擔債務之先後對背書人中之一人或數人或全體行使追索權（票據法第96條第1項、第2項）。故背書人間對執票人之債務為連帶債務，而執票人非必以全體背書人為共同被告，其不屬於固有必要共同訴訟，亦非類似必要共同訴訟，並無民事訴訟法第56條規定之適用[33]。前背書人乙未為時效抗辯，法院就乙

---

[32] 民法第276條規定：債權人向連帶債務人中之一人免除債務，而無消滅全部債務之意思表示者，除該債務人應分擔之部分外，他債務人仍不免其責任。前項規定，於連帶債務人中之一人消滅時效已完成者準用之。

[33] 民事訴訟法第56條第1項規定：訴訟標的對於共同訴訟之各人必須合一確定者，適用下列各款之規定：1.共同訴訟人中一人之行為有利益於共同訴訟人者，其效

部分應爲甲勝訴之判決，何況前背書人乙原不得向後背書人丙追索票據，法院命乙清償票款之判決，並無剝奪時效利益之弊。

三、案例14解析——匯票與印章被盜用之舉證責任

乙對支票印文之眞正並不爭執，應依票上所載文義負責（票據法第5條、第6條）。乙抗辯匯票與印章被盜用，應就被盜用之事實負舉證責任，是丙未經授權使用匯票與印章，自應由乙負舉證責任（民事訴訟法第277條第1項）[34]。因乙接近待證事實，其支票、印章保管不周致被使用，自應負較重之舉證責任，以保障票據之流通性。準此，匯票印文既屬眞正，雖非由乙親自簽發，然除非乙有確切反證，證明其未授權丙簽發支票外，應推定乙有授權行爲。

第十一節　拒絕證書

案例15

甲簽發以乙爲付款人之匯票一張，並交付與丙作爲購買食品貨物之價金。經乙承兌後，丙於到期日爲付款提示。試問乙拒絕付款，甲應如何處理？

壹、拒絕證書之定義

所謂拒絕證書者，係指證明執票人已於法定或約定期限內，行使保全或行使票據權利而未獲結果，或者無從爲行使或保全票據權利之要式證書（certificate）。對數人行使追索權時，祇須作成拒絕證書一份（票據法第112條）。

力及於全體；不利益者，對於全體不生效力；2.他造對於共同訴訟人中一人之行爲，其效力及於全體；3.共同訴訟人中之一人生有訴訟當然停止或裁定停止之原因者，其當然停止或裁定停止之效力及於全體。

[34] 民事訴訟法第277條規定：當事人主張有利於己之事實者，就其事實有舉證之責任。但法律別有規定，或依其情形顯失公平者，不在此限。

貳、拒絕證書之種類

一、拒絕付款證書

拒絕證書係票據法上對於執票人未達行使權利目的之事實，所能證明之證據。是票據全部或一部不獲付款，或者無從為付款提示時，執票人應請求作成拒絕證書證明之（票據法第86條第1項）。

二、拒絕承兌證書

承兌為願意依照票據文義付款之票據行為，匯票（draft）全部或一部不獲承兌，或者無從為承兌提示時，執票人應請求作成拒絕證書證明之（票據法第86條第1項）。

三、拒絕見票證書

本票（promissory note）發票人於提示見票時，拒絕簽名者，執票人應於提示見票期限內，請求作成拒絕證書（票據法第122條第3項）。執票人依前開規定作成見票拒絕證書後，無須再為付款之提示，亦無須再請求作成付款拒絕證書（第4項）。

四、拒絕交還複本證書

匯票執票人得請求接收人交還其所接收之複本（duplicate）（票據法第117條第2項）。接收人拒絕交還時，執票人非以拒絕證書證明下列各款事項，不得行使追索權：（一）曾向接收人請求交還此項複本，而未經其交還；（二）以他複本為承兌或付款之提示，而不獲承兌或付款（第3項）。

參、拒絕證書之作成

一、作成機構

拒絕證書，由執票人請求拒絕承兌地或拒絕付款地之法院公證處、商會或銀行公會作成之（票據法第106條）。執票人亦可請求拒絕

承兌地或拒絕付款地之民間公證人，作成拒絕證書。拒絕證書作成人，應將證書原本交付執票人，並就證書全文另作抄本存於事務所，以備原本滅失時之用（票據法第113條第1項）。抄本與原本有同一效力（第2項）。抄存於作成人事務所之拒絕證書，應載明匯票全文（票據法施行細則第12條）。

二、作成期限

拒絕承兌證書，應於提示承兌期限內作成之（票據法第87條第1項）。拒絕付款證書，應以拒絕付款日或其後5日內作成之（第2項本文）。但執票人允許延期付款時，應於延期之末日，或其後5日內作成之（第2項但書）。

三、記載事項

拒絕證書應記載下列各款，由作成人簽名並蓋作成機關之印章：（一）拒絕者及被拒絕者之姓名或商號（票據法第107條第1款）；（二）對於拒絕者，雖為請求，未得允許之意旨，或不能會晤拒絕者之事由或其營業所、住所或居所不明之情形；有製作拒絕證書權限者，於受作成拒絕證書之請求時，應就票據法第107條第2款之拒絕事由，即時為必要之調查（票據法第107條第2款；票據法施行細則第11條）；（三）為前款請求或不能為前款請求之地及其年月日（票據法第107條第3款）；（四）在法定處所外作成拒絕證書時，當事人之合意（第4款）；（五）有參加承兌時，或參加付款時，參加之種類及參加人，並被參加人之姓名或商號（第5款）；（六）拒絕證書作成之處所及其年月日（第6款）。拒絕證書應接續匯票上、複本上或謄本上原有之最後記載作成之（票據法第111條第1項）。在黏單上作成者，並應於騎縫處簽名（第2項）。

四、記載方法

（一）拒絕付款證書

拒絕付款證書，應在匯票或其黏單上作成之（票據法第108條第1

項）。匯票有複本或謄本者，其於提示時僅在複本之一份或原本或其黏單上作成。但可能時，應在其他複本之各份或謄本，記載已作拒絕證書之事由（第2項）。所謂複本者（duplicate），係指單一匯票關係所發行之數份證券，各複本間之地位平等。

（二）其他拒絕證書

拒絕付款證書以外之拒絕證書，應照匯票或其謄本作成抄本，在該抄本或其黏單上作成之（票據法第109條）。所謂謄本者，係指票據原本之繕寫。執票人有作成匯票謄本之權利（票據法第118條第1項）。

（三）拒絕交還原本證書

執票人以匯票之原本請求承兌或付款，而被拒絕並未經返還原本時，其拒絕證書，應在謄本或其黏單上作成之（票據法第110條）。

五、作成份數及證書抄存

對數人行使追索權時，僅須作成拒絕證書一份（票據法第112條）。拒絕證書作成人，應將證書原本交付執票人，並就證書全文另作抄本，存於事務所，以備原本滅失時之用（票據法第113條第1項）。抄本與原本，具有同一效力（第2項）。

肆、拒絕證書之效力

拒絕證書係票據法上對於執票人未達行使權利目的之事實，所能證明之證據。因拒絕證書仍屬證明之一種，倘相對人提出反證，自得推翻拒絕證書之證明力（testify）。

伍、案例15解析——拒絕付款證書與追索權

一、拒絕付款證書

匯票全部或一部不獲付款，或者無從為付款提示時，執票人應請求作成拒絕證書證明之（票據法第86條第1項）。甲簽發以乙為付款人之匯票，並交付與丙作為購買貨物之價金，經乙承兌後，丙於到期日為付款提示，而承兌人乙拒絕付款，執票人丙應請求作成拒絕付款證書，證

明其已於期限內行使付款請求權，而遭承兌人乙拒絕之要式證書。

二、行使追索權

發票人、承兌人、背書人及其他票據債務人，對於執票人連帶負責（票據法第96條第1項）。執票人得不依負擔債務之先後，對於前開債務人之一人或數人或全體行使追索權（第2項）。準此，執票人丙遵期為付款提示而遭拒絕，其自得對發票人甲與承兌人乙行使追索權。

第十二節　複本及謄本

第一項　複　本

案例16

甲簽發以乙為付款人之記名式匯票交與丙，並應丙之請求發行複本二份，乙對其中一份複本為承兌行為，丙分別將複本背書轉與丁、戊。丁遵期提示經承兌之複本請求乙付款，乙依據票據文義付款完畢。試問戊得否持另一複本主張票據之權利？理由為何？

壹、複本之定義

所謂複本者（duplicate），係指單一匯票關係所發行之數份證券，各複本間之地位平等。發行複本之目的，在於防止票據遺失及助長票據流通。

貳、複本之發行

匯票之受款人，得自負擔其費用，請求發票人發行複本。但受款人以外之執票人，請求發行複本時，須依次經由其前手請求之，並由其前手在各複本上，為同樣之背書（票據法第114條第1項）。發票人發行複本，以三份為限（第2項）。

參、複本之效力

一、對於承兌之效力

執票人請求承兌時,僅須提示一份複本即可,此為「複本之一體性」。發票人雖得發行三份複本,然就其中一份複本所為之行為,效力及於他份。

二、對於付款之效力

就複本之一付款時,其他複本失其效力,此為複本之一體性。因各複本間之地位平等,具有獨立性,承兌人對於經其承兌而未取回之複本,應負其責。

三、對於轉讓之效力

因各複本間之地位平等,具有獨立性,背書人將複本分別轉讓於二人以上時,對於經其背書而未收回之複本,應負其責(票據法第116條第2項)。

四、對於追索之效力

(一)將全部複本轉讓與同一人

原則上,將複本各份背書轉讓與同一人者,該背書人為償還時,得請求執票人交出複本之各份。例外情形,執票人已立保證或提供擔保者,不在此限(票據法第116條第3項)。

(二)為提示承兌送出複本之一

為提示承兌送出複本之一者,應於其他各份上,載明接收人之姓名或商號及其住址(票據法第117條第1項)。匯票上有前開記載者,執票人得請求接收人交還其所接收之複本(第2項)。接收人拒絕交還時,執票人非以拒絕證書證明下列各款事項,不得行使追索權:1.曾向接收人請求交還此項複本而未經交還;2.以他複本為承兌或付款之提示,而不獲承兌或付款(第3項)。

肆、案例16解析——複本之一體性與獨立性

一、複本對於承兌之效力

執票人請求承兌時僅須提示一份複本即可,此為複本之一體性,就其中一份複本所為之行為,效力及於他份。甲簽發以乙為付款人之記名式匯票交與丙,並應丙之請求發行複本二份,乙就其中一份複本為承兌行為,其效力及於另一份。

二、複本對於付款與轉讓之效力

就複本之一付款時,其他複本失其效力。但承兌人對於經其承兌而未取回之複本,應負其責(票據法第116條第1項)。背書人將複本分別轉讓於二人以上時,對於經其背書而未收回之複本,應負其責(第2項)。丙分別將複本背書轉讓與丁、戊,丁遵期提示經承兌之複本請求乙付款,乙依據票據文義付款完畢。因承兌人乙未取回另一複本,戊自得持該複本,向乙行使票款請求權。故該複本經丙背書轉讓,戊亦得請求丙負背書人責任。

第二項　謄本

案例17

甲簽發以乙為付款人之記名式匯票交與丙,丙發行謄本二份,乙就其中一份謄本為承兌行為,丙於另一份謄本為背書轉與丁。試問:(一)丁於該匯票到期日對乙為付款提示,乙應否負付款責任?(二)丁不獲付款時,得否對丙行使追索權?

壹、謄本之定義

所謂謄本者,係指票據原本之繕寫。發行謄本之目的與複本同,雖在於防止票據遺失及助長票據流通,然謄本與複本可為之票據行為有不同處。

貳、謄本之作成

　　執票人有作成匯票謄本之權利（票據法第118條第1項）。謄本應標明「謄本」字樣，謄寫原本之一切事項，並註明迄於何處為謄寫部分（第2項）。執票人就匯票作成謄本時，應將已作成謄本之旨，記載於原本（第3項）。

參、謄本之效力

一、對於背書與保證之效力

　　背書及保證行為，均得在謄本上為之，而與原本上所為之背書及保證，有同一效力（票據法第118條第4項）。準此，僅得在謄本背書及保證行為，不得為其他票據行為。

二、對於追索之效力

　　為提示承兌送出原本者，應於謄本上載明，原本接收人之姓名或商號及其住址（票據法第119條第1項）。匯票上有前開記載者，執票人得請求接收人交還原本（第2項）。接收人拒絕交還時，執票人非將曾向接收人請求交還原本而未經其交還之事由，以拒絕證書證明，不得行使追索權（第3項）。

肆、案例17解析——謄本與複本之區別

　　匯票得於謄本上為背書或保證行為，其與原本上所為之背書或保證，有同一效力（票據法第118條第4項）。換言之，謄本僅可為背書與保證行為，其與複本得為一切票據行為，兩者有如後不同：

一、不生承兌效力

　　甲簽發以乙為付款人之記名式匯票交與丙，丙發行謄本二份，乙固就其中一份謄本為承兌行為，惟不生承兌之效力，丁於該匯票到期日對乙為付款提示，乙自不負付款責任。

二、生背書之效力

　　丙於另一份謄本爲背書轉與丁，其與原本上所爲之背書，具有同一效力，倘丁不獲付款時，自得對背書人丙與發票人甲行使追索權（票據法第96條）。

第十三節　黏　單

案例18

　　甲於匯票上增加黏單，而於黏單上爲發票行爲，記載付款人乙，並將匯票與其黏單交與丙。丙向乙提示承兌遭受拒絕，試問執票人丙得否於到期日，對發票人甲行使追索權？

壹、作成黏單之要件

　　票據餘白不敷記載時，始得黏單延長之（票據法第23條第1項）。黏單後第一記載人，應於騎縫上簽名（第2項）。例如，甲簽發本票時附有黏單，其上記載「左附本票屬附件，不得單獨行使，須與原合約書合一始生效力」文字，黏單與本票之騎縫處並由甲蓋章。因票據應記載無條件擔任支付，此爲絕對應記載事項（票據法第120條第1項第4款）。甲於原始簽發之本票所附黏單，屬本票之一部分，黏單上所載文字記載本票行使之條件，相當於本票上之記載。準此，本票顯然附加擔任支付之條件，而構成票據法規定絕對應記載事項之欠缺，依票據法第11條第1項規定，甲簽發之本票應屬無效。

貳、黏單得記載事項

　　「背書」由背書人，在匯票之背面或其黏單上爲之（票據法第31條第1項）。拒絕證書及參加付款得於黏單上爲之（票據法第108條至第110條、第111條第2項）。

參、黏單之效力

合法之黏單與票據本身具有同一之效力,故依據票據法第23條規定所作成之黏單上所為記載,其與票據上所為之記載,兩者效力相同。例如,發票人於黏單上附加擔任支付之條件,因黏單為本票之一部分,其構成票據法規定絕對應記載事項之欠缺,依票據法第11條第1項規定,該簽發之本票應屬無效。

肆、案例18解析──黏單得為之票據行為

票據餘白不敷記載時,始得黏單延長之(票據法第23條第1項)。黏單後第一記載人,應於騎縫上簽名(第2項)。是發票行為係基本票據行為,不應於黏單為之[35]。準此,甲於匯票上增加黏單,而於黏單上為發票行為,記載付款人乙,並將匯票與其黏單交與丙。丙雖向乙提示承兌遭受拒絕,惟該發票行為不成立,執票人丙自不得向甲行使追索權。

習題

一、說明何謂轉讓背書。

提示:票據法第29條、第37條、第39條。

二、說明何謂背書連續之定義與如何認定。

提示:票據法第17條、第37條、第38條。

三、說明承兌之定義與其效力。

提示:票據法第52條。

四、甲簽發匯票予乙,並由丙擔任保證人,甲未填金額,試問丙是否應負保證責任?

提示:票據法第61條。

---

[35] 王文宇、王志誠、許忠信、汪信君,商事法,元照出版有限公司,2004年6月,頁322。

五、說明追索權之定義與其效力。

　　提示：票據法第85條、第96條、第100條至第103條。

六、說明拒絕證書之定義。

　　提示：參照本書第二章第十一節所述之拒絕證書。

第三章

本　票

關鍵詞：發票人、自付證券、信用證券、甲存本票、強制執行、
　　　　　非訟事件、形式審查主義、擔當付款人

　　研讀本票之重點，在於瞭解本票之概念、發票、見票、本票之強制執行。本章計有9則例題，用以分析本票之原理與其適用，其中本票准予強制執行裁定，係強制執行常見之執行名義。

第一節　概　論

案例1

> 　　甲公司向A銀行開立甲種活期存款戶，甲公司向乙公司購買貨物，並簽發以A銀行為擔當付款人之本票交與乙公司，作為支付買賣之用途。試問乙公司於本票到期時，向A銀行提示請求付款遭拒絕，乙公司應如何主張本票之權利？

壹、本票之定義

　　所謂本票者（promissory note），係指發票人簽發一定之金額，而於指定之到期日，由自己無條件支付與受款人或執票人之票據（票據法第3條）。準此，本票為自付證券及信用證券。

貳、本票之種類

一、以付款期限區分

（一）即期本票

　　所謂即期本票，係指見票後立即付款（payable at sight）之本票，其記載「見票即付」。未載到期日者（maturity date），視為見票即付。見票即付之本票，以提示日為到期日（票據法第66條第1項、第124條）。

（二）定期本票

　　所謂定期本票，係指定期日付款之本票，此類型之本票最常見（票據法第65條第1項第1款、第124條）。例如，到期日為2021年10月11日。

（三）計期本票

　　所謂計期本票，係指發票日後定期付款之本票（票據法第65條第1項第2款、第124條）。例如，發票日2021年10月11日後10日或3個月付款。

（四）註期本票

　　所謂註期本票，係指見票後定期付款之本票（票據法第65條第1項第4款、第124條）。所謂見票，係指提示時之見票。例如，執票人提示見票後60日付款。

二、以記載形式區分

（一）記名式本票

　　所謂記名式本票者，係指在本票上記載受款人之姓名或商號之本票，其依據背書與交付方式轉讓票據權利，背書人應於本票背面簽名或蓋章。

（二）指示式本票

　　所謂指示式本票者，係指除在本票上記載受款人之姓名或商號外，並記載「或其指定人」文字之本票。其依據背書與交付方式轉讓票據權利。

（三）無記名本票

　　所謂無記名本票者，係指不在本票上記載受款人之姓名或商號之本票，僅依據交付方式轉讓票據權利即可。而見票即付之本票，倘不記載受款人，其金額須在新臺幣500元以上（票據法第120條第6項）。

參、甲存本票

一、甲存本票之定義

　　所謂甲存本票者，係指發票人委託其往來之金融業者為擔當付款人而簽發之本票。金融業為本票主債務人，即發票人之代理人，執票人應向金融業為付款提示（票據法第26條第1項、第69條第2項、第124條）。

二、甲存本票之實益

　　一般本票係由發票人自己於到期付款，執票人不得經由金融業為票據交換。因甲存本票指定行庫為擔當付款人，執票人應向金融業為付款提示，故必須票據交換，在使用上較為便利。

肆、準用匯票之規定（94、101、103律師；98司法官）

一、發票

　　本票未載受款人者，執票人得於無記名本票之空白內，記載自己或他人為受款人，變更為記名本票（票據法第25條第2項）。發票人得於付款人外，記載一人，為擔當付款人（票據法第26條第1項）。發票人得記載對於票據金額支付利息及其利率（票據法第28條第1項）。利率未經載明時，定為年息6%（第2項）。利息自發票日起算。但有特約者，不在此限（第3項）。

二、背書

　　票據法第二章第二節關於背書之規定，第30條至第34條、第36條至第41條於本票準用之，而第35條之預備付款人則不準用之（票據法第124條）。

三、保證

　　票據法第二章第五節關於保證之規定，第58條至第64條於本票準用之（票據法第124條）。因本票發票人所負責任，其與匯票承兌人同（票據法第121條）。其有關承兌人字樣，而於本票準用時，應解釋為發票人。

四、到期日

　　票據法第二章第六節關於到期日之規定，第65條至第68條雖於本票準用之（票據法第124條）。惟票據法第67條規定「承兌日」或「拒絕承兌證書」字樣，其於本票準用時，應解釋為見票日或拒絕見票證書。

五、付款

本票為自付證券及信用證券，是票據法第二章第七節關於付款之規定，除參加承兌（票據法第79條）或預備付款人外（票據法第82條第2項），均得準用之（票據法第124條）。

六、參加付款

本票為自付證券及信用證券，票據法第二章第八節關於參加付款之規定，除第79條及第82條第2項有關參加承兌或預備付款人之規定外，均得準用之（票據法第124條）。

七、追索權

票據法第二章第九節關於追索權之規定，第85條至第86條、第87條第2項、第89條至100條、第102條至第105條於本票準用之，第87條第1項、第88條及第101條有關承兌規定則不準用之（票據法第124條）。

八、拒絕證書

本票之拒絕證書者，可證明執票人已於法定或約定期限內，行使保全或行使本票權利而未獲結果，或者無從為行使或保全本票權利之要式證書。票據法第二章第十節關於拒絕證書之規定，第106條至第113條於本票準用之（票據法第124條）。

九、謄本

票據法第二章第十二節關於謄本之規定，第118條謄本之製作與效力於本票準用之，第119條有關承兌之規定，則於本票不準用之（票據法第124條）。

伍、案例1解析──甲存本票

一、銀行為本票擔當付款人

甲公司向A銀行開立甲種活期存款戶，甲公司向乙公司購買貨物，並簽發以A銀行為擔當付款人之本票交予乙公司，作為支付買賣之用途。依據票據法第124條準用第69條與第26條第1項規定，A銀行為甲公司之擔當付款人，自屬有效。

二、付款提示

乙公司於本票到期時，依據票據法第124條準用第69條第2項規定，應向A銀行提示請求付款，倘乙公司向A銀行提示請求付款後遭拒絕，乙公司於作成拒絕證書後，向發票人甲公司請求付款。

第二節　發　票

甲於2017年1月1日簽發面額新臺幣200萬元、發票日為2017年2月1日之本票，交付乙作為清償借款之用途。試問乙遲於2021年10月11日始向甲提示請求付款，甲得否拒絕付款？

壹、本票發票之款式

一、應記載事項（94、100、101、103律師）

（一）絕對必要記載事項

本票應記載下列事項，由發票人簽名或蓋章（票據法第120條）：1.表明其為本票之文字（第1項第1款）；2.一定之金額（第1項第2款）。無記名之見票即付本票，其金額須在新臺幣500元以上（第6項）；3.無條件擔任支付（第1項第4款）；4.發票年、月、日（第1項第6款）。例如，本票之發票年、月、日係屬本票應記載之事項之一，欠

缺票據法所規定票據上應記載事項之一者，其票據無效[1]。

（二）相對必要記載事項

相對必要記載事項如後：1.受款人之姓名或商號（票據法第120條第1項第3款）。未載受款人者，以執票人為受款人（第3項）；2.發票地（第1項第5款）。未載發票地者，以發票人之營業所、住所或居所所在地為發票地（第4項）；3.付款地（第1項第7款）。未載付款地者，以發票地為付款地（第5項）；4.到期日（第1項第8款）。未載到期日者，視為見票即付（第2項）。

二、得記載事項

得記載事項如後：（一）擔當付款人（票據法第124條準用第26條第1項）；（二）利息與利率（interest rate）（票據法第124條準用第28條）；（三）禁止背書之記載（票據法第124條準用第30條第2項）；（四）見票或付款提示期限縮短或延長之特約（票據法第124條準用第45條第2項、第66條）；（五）有應給付金額種類之特約，則不許以付款地通用貨幣支付之特約（票據法第124條準用第75條第1項）；（六）免除拒絕事實通知之文句或免除作成拒絕證書之文句（票據法第124條準用第90條、第94條第1項）；（七）禁止發行回頭本票之特約（票據法第124條準用第102條第1項但書）。

三、不得記載事項

（一）不生票據上效力之事項

票據上記載本法所不規定之事項者（票據法第12條）。例如，違約金之約定。支票經在正面劃平行線二道者，付款人僅得對金融業者支付票據金額（票據法第139條第1項）。支票上平行線內記載特定金融業者，付款人僅得對特定金融業者支付票據金額（第2項本文）。因票據法未規定得於本票上劃平行線，故在本票上劃平行線，不生票據上之效力。

---

[1] 最高法院92年度台上字第2942號刑事判決。

（二）記載本身無效

本票上記載無益事項，該記載雖無效，然不影響本票之效力。例如，本票發票人所負責任，其與匯票承兌人同（票據法第121條）。準此，本票上記載免除擔保付款之文句，該記載固屬無效，然本票仍為有效。

（三）記載導致本票無效

係指本票上記載與本票性質或法律相牴觸之事項，會導致該本票無效。例如，付款附記條件，因與無條件擔任支付（unconditional payment）之規定相牴觸，導致本票無效（票據法第120條第1項第4款）。

貳、本票發票之效力

本票發票人所負責任，與匯票承兌人同（票據法第121條）。是發票人為本票之主債務人，應負絕對之付款責任（票據法第52條第1項、第124條）。執票人對於本票發票人之付款請求權之消滅時效為3年（票據法第22條第1項）。

參、案例2解析——本票發票人責任

一、票據之時效

票據上之權利，對本票發票人，自到期日起算，3年間不行使，因時效而消滅（票據法第22條第1項）。甲於2017年1月1日簽發面額新臺幣200萬元、發票日為2017年2月1日，交付乙作為清償借款之用途。乙於2021年10月11日始向甲提示請求付款，自到期日起至提示日止，其已逾3年期間，甲得以已罹於時效為由拒絕給付票款。

二、票據之利益償還請求權

票據上之債權，雖依本法因時效或手續之欠缺而消滅，執票人對於發票人，於其所受利益之限度，得請求償還（票據法第22條第4項）。利益償還請求權非票據上權利，其消滅時效期間，因票據法無明文規

定，自應適用民法第125條所規定之15年[2]。其時效期間之起算點，應解為自票據權利消滅之日，即票據債權罹於時效或權利保全手續之欠缺，而無法對發票人或承兌人行使追索權之翌日開始計算[3]。準此，執票人乙得請求發票人甲，因本票上權利消滅而受有利益，請求甲返還其所受之利益。

第三節　見　票

案例3

> 　　甲於2021年1月1日簽發見票後60日付款之本票，交付與乙作為支付貨款用途。乙背書轉讓與丙，丙於2021年7月7日向發票人為付款提示。試問甲拒絕見票，丙得否對甲、乙行使追索權？

壹、見票之定義

　　所謂見票者，係指執票人為確定見票後定期付款本票之「到期日」所為之提示，而「發票人」於本票上記載見票字樣及日期，並簽名或蓋章之行為。

貳、見票之程序

　　見票後定期付款之本票，應由執票人向發票人為見票之提示，請其簽名或蓋章，並記載見票字樣及日期，其提示期限，準用第45條規定（票據法第122條第1項）。其見票之提示期限如後：

一、法定見票期限

　　見票後定期付款之本票，應自發票日起6個月內為見票之提示。

---

[2] 最高法院96年度台上字第2716號民事判決。

[3] 司法院第3期司法業務研究會，民事法律專題研究2，1983年5月2日，頁347至348。

前開期限，發票人得以特約縮短或延長之。但延長之期限不得逾6個月（票據法第122條第1項準用第45條）。

二、未載見票日期者

本票未載見票日期者，應以所定提示見票期限之末日為見票日（票據法第122條第2項）。未載到期日之本票，經執票人提示及發票人簽名後，發票人應立即付款。

參、見票之效力

一、發票人接受見票

發票人接受見票時，則見票對於見票後定期付款之本票，具有確定到期日之效力。例如，見票後30日付款之本票，經執票人提示及發票人簽名後，發票人應於30日後付款。

二、發票人拒絕見票

發票人於提示見票時，拒絕簽名者，執票人應於提示見票期限內，請求作成拒絕見票證書（票據法第122條第3項）。執票人依前開規定作成見票拒絕證書後，無須再為付款之提示，亦無須再請求作成付款拒絕證書（第4項）。執票人不於第45條所定期限內，為見票之提示或作拒絕證書者，對於發票人以外之前手喪失追索權（第5項）。

肆、案例3解析——逾法定見票期限之效力

發票人於提示見票時，拒絕簽名者，執票人應於提示見票期限內，請求作成拒絕見票證書（票據法第122條第3項）。執票人依前開規定作成見票拒絕證書後，無須再為付款之提示，亦無須再請求作成付款拒絕證書（第4項）。執票人不於第45條所定期限內，為見票之提示或作拒絕證書者，對於發票人以外之前手喪失追索權（第5項）。準此，甲於2021年1月1日簽發見票後60日付款之本票，交付與乙作為支付貨款用途。乙背書轉讓與丙，丙於2021年7月7日向發票人為付款提示，其

已逾見票後定期付款之本票，應自發票日起6個月內，為見票之提示期間。甲拒絕見票後，執票人丙僅得對發票人甲行使追索權。

第四節　本票之強制執行

案例4

> 　　甲執有乙簽發、面額新臺幣（下同）100萬元、發票日2021年9月9日、到期日同年10月11日之本票一張，渠等未約定利率，並經丙背書與丁為丙保證，其上記載免除作成拒絕證書，詎於到期後經提示未獲付款。試問：（一）甲提出本票而聲請法院裁定准許對乙、丙及丁強制執行，法院應如何處理？（二）倘本票之票款已清償20萬元，裁定主文應如何諭知？

案例5

> 　　甲向乙借款新臺幣（下同）100萬元，並於同日簽發其為發票人、面額100萬元、到期日為2021年10月11日，載明免除作成拒絕證書之本票乙紙交付予乙供擔保，甲於簽發本票時，除於發票人欄簽名，復於指定受款人欄填載自己之姓名。試問嗣乙屆期提示未獲付款，依票據法第123條規定向法院聲請裁定准許強制執行，應否准許？

案例6

> 　　執票人甲執無免除作成拒絕證書記載之本票，主張到期後向發票人乙提示未獲付款，甲未提出付款拒絕證書而逕向法院聲請裁定准予強制執行。試問法院應否准許？理由為何？

案例7

　　本票執票人甲以未成年人乙所簽發免除作成拒絕證書之本票一紙，甲於到期日後提示未獲清償，除提出該本票外，另提出乙之法定代理人同意乙簽發該本票之同意書一紙，聲請法院裁定該本票准許強制執行。試問法院應否准許？理由為何？

案例8

　　執票人甲持有A、B、C三張本票，A本票發票人為乙、丙，B本票發票人為乙、丁，C本票發票人為丙、丁。A、B、C三張本票之票面金額分別為新臺幣（下同）120萬元、10萬元、20萬元。甲持A、B、C三張本票，以同一聲請狀聲請本票裁定，請求共同發票人乙丙、乙丁、丙丁給付150萬元（計算式：120萬元＋10萬元＋20萬元）。試問法院應如何徵收裁判費？理由為何？

案例9

　　甲持有住所地在臺中市之乙所簽發之本票乙紙，未載發票地，票上付款地一欄記載為臺北市，屆期提示，未獲付款。試問依票據法第123條聲請法院裁定准許本票強制執行，應由何法院管轄？

壹、立法理由

　　債權人依據債權關係，經由訴訟程序取得執行名義，除曠日廢時外，亦須支出相當之款項。準此，票據法為加強本票之獲償性，加重發票人責任，乃於票據法第123條規定，執票人得就本票發票人聲請法院裁定強制執行事件，使本票強制執行裁定成為簡便取得執行名義之方

式[4]。聲請法院裁定許可對發票人強制執行（compulsory execution），係依據票據法第123條規定，其目的在於特別保護執票人、加強本票獲償及助長本票流通。

貳、形式審查主義

本票執票人依票據法第123條規定，聲請法院裁定許可對發票強制執行，係屬非訟事件（non-contentious business），採形式審查（formal examination）主義，此項聲請之法院裁定及抗告法院之裁定，僅依非訟事件程序，由法院審查強制執行許可與否，並無確定實體上法律關係存否之效力，發票人就票據債務之存否有爭執時，應由發票人提起確認之訴，以資解決[5]。縱使法院調查結果，認有發生假債權之情事，仍不得為實體審查後，而為駁回裁定。

參、本票強制執行之程序

一、管轄法院

本票裁定強制執行事件之管轄，依據非訟事件法及票據法規定，除為專屬管轄及先受理之法院管轄具有優先管轄外，其管轄之順序，依序為票據付款地、發票地及發票人之營業所、住所或居所地[6]。

（一）票據付款地

依非訟事件法第194條第1項規定，由票據付款地之法院管轄。非訟事件法明訂係以票據付款地之法院為管轄法院，則該事件自為專屬管轄，且同法並無準用民事訴訟法第25條及第1條之明文規定，是本票強制執行事件之管轄，自無「應訴管轄」及「以原就被」規定之適用。

---

[4] 所謂本票者，係發票人簽發一定金額，於指定之到期日，由自己無條件支付與受款人或執票人之票據（票據法第3條）。準此，本票為發票人自任付款人之票據。

[5] 最高法院57年台抗字第76號民事裁定。

[6] 非訟事件法第3條規定：數法院俱有管轄權者，由受理在先之法院管轄之。但該法院得依聲請或依職權，以裁定將事件移送於認為適當之其他管轄法院。

（二）票據發票地

本票未記載付款地，依票據法第120條第5項規定，由發票地之法院管轄。因本票發票人票據債務之成立，應以發票人交付本票於受款人完成發票行為時日為準，其付款地及發票地自該時確定[7]。二人以上為發票人之本票，未載付款地，其以發票地為付款地，而發票地不在一法院管轄區域內者，各該發票地之法院均有管轄權（非訟事件法第194條第2項）。

（三）發票人之營業所、住所或居所地

本票均未記載付款地、發票地，依據票據法第120條第4項規定，由發票人之營業所、住所或居所地之法院管轄。法院得命聲請人提出債務人之戶籍謄本，以利核對聲請狀之債務人地址是否相符。

（四）先受理之法院管轄

所謂優先管轄，係指有共同發票人之場合，而無付款地及發票地之記載，其住所亦不在同一法院管轄地時，發票人之營業所、住居所所在地之地方法院，均有管轄權，依非訟事件法第3條第1項規定，由先受理之法院管轄[8]。

二、本票裁定強制執行之當事人

本票有無記名及記名兩種形式：（一）無記名之本票，以執票人為本票權利人；（二）記名式本票係有指定受款人之本票，應以受款人或經背書轉讓，第一背書人為受款人，且須形式上背書連續而取得本票之人（票據法第37條第1項）。是本票裁定強制執行之當事人，以本票權利人為聲請人，僅得對本票發票人（即相對人）聲請強制執行（票據法第123條）。此項特別規定，對本票保證人、背書人或其他票據債務人，均不適用之。準此，執票人對本票保證人、背書人或其他票據債務人，使與發票人負連帶清償責任之聲請，除發票人或共同發票人外，法

---

[7] 最高法院67年度第6次民事庭庭推總會議決議（二）。

[8] 最高法院64年台抗字第224號民事裁定。非訟事件法令暨法律問題研究彙編2，司法院第一廳，1991年6月，頁344至345。

院應將其聲請強制執行駁回之[9]。

三、發票人受破產宣告

　　破產人因破產之宣告，對於應屬破產財團之財產，喪失其管理及處分權（破產法第57條）。發票人受破產之宣告，其屬於破產財團之財產，除債權人行使別除權者外，應即停止強制執行程序，並通知債權人（破產法第99條、第108條）[10]。準此，是本票發票人受破產宣告，應依破產程序為之，不得聲請裁定而強制執行。

四、請求之金額

（一）本票之面額

　　本票得請求之票款範圍有本票之面額、利息及必要費用（票據法第124條、第97條）。就本票面額而言，執票人得請求被拒絕付款之本票金額，其金額有全部票面金額或部分未清償之金額。而票面金額不得塗改，否則無效（票據法第11條第3項）。持票人持金額有修改之本票，聲請本票強制執行裁定時，法院應駁回其聲請。

（二）利息

1. 利率計算

　　有約定利率者，即發票人有記載對於票據金額支付利息及利率，按其約定給付利息（票據法第124條、第28條第1項、第97條第1項第1款）。超過年息6%部分，則應駁回之（民法第205條）。未約定利息者，按年息6%計算利息（票據法第124條、第28條第2項、第97條第1項第2款）。

2. 利息起算日

　　有約定利息起算日，依其約定（票據法第124條、第28條第3項但書）。如無約定者，自到期日起算（票據法第97條第1項第2款）。未載

---

[9] 非訟事件法令暨法律問題研究彙編2，司法院第一廳，1991年6月，頁327至328。最高法院92年度台抗字第241號民事裁定。

[10] 最高法院95年度台上字第921號民事判決。

到期日者，自發票日起算（票據法第28條第3項）。

（三）必要費用

執票人因作成拒絕證書與通知之支出及其他必要費用，均可請求（票據法第97條第1項第3款）。執票人應就作成拒絕證書與通知之支出及其他必要費用，舉證以實其說。

（四）違約金

違約金之約定，非票據法所規定之法定事項，自不生票據上之效力（票據法第120條、第12條）。而於聲請本票強制執行裁定之場合，不可請求之，固無票據上之效力。然有通常法律上之效力，執票人自得另行向發票人請求約定之違約金[11]。

（五）遲延利息

本票上記載面額若干元、利息為年利率10%，本息逾期時，除按上開約定利率支付利息外，自逾期之日起，按照上開利率10%加付遲延利息，該項約定載明係遲延利息，本票裁定係非訟事件，僅能自其形式觀之，不能為實體之探究，故應受其約定之拘束，應予准許[12]。

五、非訟事件

本票准許強制執行之裁定，係強制執行法第4條第1項第6款之執行名義，屬非訟事件程序（非訟事件法第194條）。法院之裁定並無確定實體法律關係之效力。參酌本票具提示性及繳回性，執票人行使追索權時，應提示票據始能行使權利。本票執票人聲請裁定准許強制執行，係行使追索權方式之一，從強制執行在滿足債權人私法上請求權之觀點，其聲請強制執行時，自需提出本票原本於執行法院，以證明其係執票人而得以行使追索權[13]。

---

[11] 最高法院50年台上字第1372號民事判決。
[12] 臺灣高等法院89年度抗字第60號、90年度抗字第2394號民事裁定。
[13] 最高法院95年度台簡上字第26號民事判決。

肆、案例解析

一、案例4解析——本票裁定強制執行之當事人與請求金額

（一）本票裁定強制執行之當事人

執票人向本票發票人行使追索權時，得聲請法院裁定後強制執行（票據法第123條）。限定執票人甲向本票發票人乙行使追索權時，得聲請法院裁定後強制執行，故對於本票發票人以外之票據債務人，諸如背書人丙、保證人丁行使追索權時，不得適用該條規定，逕請裁定強制執行。

（二）部分清償之本票請求金額

本票債務人已清償新臺幣（下同）20萬元時，法院自應扣除已清償之金額，是本票裁定主文應諭知：相對人（即發票人甲）於2021年9月9日簽發，到期日2021年10月11日之本票，內載憑票交付聲請人100萬元，其中之80萬元及自2021年10月11日起至清償日止，按年息6%計算之利息，准予強制執行[14]。

二、案例5解析——本票發票之款式

（一）票據無效之要件

票據為設權證券，票據權利之發生必須作成證券，而為使法律關係明確化，票據行為具要式性，而發票為票據之基本票據行為。所謂發票行為之絕對必要記載事項，係指票據不記載此事項時，票據即屬無效。例如，發票日、一定金額之記載（票據法第120條第1項）。而相對必要記載事項係指雖為法定應記載事項，然不記載時，本法另設有補充規定，而擬制其效力，票據不因之而無效。例如，本票未載受款人，以執票人為受款人（票據法第120條第3項）。欠缺本法所規定票據上應記載事項之一者，其票據無效（票據法第11條第1項本文）。但本法別有規定者，不在此限（第1項但書）。票據發票行為會因為欠缺絕對必要

---

[14] 林洲富，實用非訟事件法，五南圖書出版股份有限公司，2021年6月，13版1刷，頁327。

記載事項而使票據無效，係指在交付於相對人之時點，尚欠缺絕對必要記載事項。

（二）無益記載事項之效力

甲在交付本票予乙時，本票絕對必要記載事項均記載完成，表明其爲本票之文字、一定之金額、無條件擔任支付及發票年月日，此時應認本票已屬有效票據。甲簽發本票時，固於受款人欄填載自己之姓名，而受款人之姓名屬相對必要記載事項，應無票據法第11條第1項本文之適用。票據法第25條第1項有關匯票發票人得以自己或付款人爲受款人，即指己匯票之規定，其於本票雖無準用，然此規定並非明示有此記載將使票據無效之規定，亦非屬如在支票上記載違反無條件付款委託或委託非金融業者付款之有害記載事項，要難解爲無效票據。基於票據法立法意旨在助長票據流通並保障交易安全，復依票據有效解釋之原則，本件此情形應適用票據法第12條規定，認甲於本票受款人欄填載自己之姓名係屬無益記載事項，不生票據法上之效力，應視本票爲無記名票據[15]。嗣乙屆期提示未獲付款，依票據法第123條規定向法院聲請裁定准許強制執行，應予准許[16]。

三、案例6解析──本票裁定強制執行要件

（一）執票人作成拒絕證書之義務

匯票執票人不於本法所定期限內爲行使或保全匯票上權利之行爲者，對於前手喪失追索權，本票準用之（票據法第104條第1項、第124條）。本票發票人所負責任，其與匯票承兌人同（票據法第121條）。故本票發票人對執票人所負之責任，係付款責任，爲第一次之絕對責任，執票人縱使不於付款提示期間內爲付款之提示，發票人仍不免其付款之責。因本票之性質爲提示證券，依票據法第124條準用第85條第1項規定，本票經向付款人提示而不獲付款，爲行使追索權之前提要件，倘未踐行付款之提示，其行使追索權之形式要件未備，即不得聲請裁定准就本票票款爲強制。準此，票據法第104條第1項爲逾期提示可發生對發

---

[15] 票據法第12條規定：票據上記載本法所不規定之事項者，不生票據上之效力。

[16] 臺灣高等法院暨所屬法院102年法律座談會民事類提案第12號。

票人以外之前手喪失追索權之效果，並非免除執票人提示付款之規定。票據法第104條第1項之適用結果，僅發生逾期作成拒絕證書保全票據上之權利，對發票人以外之前手喪失追索權之效果，並非得據此免除執票人作成拒絕證書之義務。

（二）行使追索權之要件

執票人所執本票無免除作成拒絕證書之記載，依票據法第124條準用第86條規定，應於提示不獲付款時，請求作成拒絕證書保全其本票追索權利，而拒絕證書為證明執票人已行使或保全票據上權利之必要行為，而其行為之結果已被拒絕之法定唯一證據，執票人未提出拒絕證書，無法證明其已踐行付款之提示，其行使追索權之前提要件未備，法院不得裁定准予強制執行。

（三）非訟事件

執票人向本票發票人行使追索權時，得聲請法院裁定後強制執行（票據法第123條）。依票據法第85條、第86條規定行使追索權不獲付款時，執票人應請求作成拒絕證書證明之。而拒絕證書，由執票人請求拒絕付款地之法院公證處、商會或銀行公會作成，本票準用之（票據法第106條、第124條）。本票強制執行屬非訟事件，進行形式上審查而為准、駁之裁定。準此，本票無免除作成拒絕證書記載，倘未提出作成拒絕證書，形式上審查應駁回其聲請。至發票人負絕對之付款責任，係訴訟請求之另一問題，自與本件無涉[17]。

四、案例7解析 —— 法定代理人允許未成年人簽發票據之方式

執票人向本票發票人行使追索權時，得聲請法院裁定後強制執行（票據法第123條）。本票執票人依上開規定行使追索權，此項聲請之裁定，除依非訟事件程序，就本票形式上之要件是否具備予以審查外，法院得審究與發票行為有關之其他文件，查明其有無發票能力等。限制行為能力人未得法定代理人之允許，所為之單獨行為無效（民法第78條）。所謂允許，係指事前之同意而言，其非票據行為，亦非要式行

---

[17] 臺灣高等法院暨所屬法院101年法律座談會民事類提案第15號。

為，票據法未規定須於票據上載明法定代理人已有允許發票之意思，故法定代理人另以同意書同意限制行為能力人簽發本票，自屬有效。準此，執票人甲提出乙之法定代理人同意乙簽發系爭本票之證明書，自外觀形式審查，得以認定甲之法定代理人，已經允許乙簽發本票，法院自應為准予強制執行之裁定。申言之，票據為文義證券，雖不允許以其他方式補充其文義，然民法第78條規定之允許，並非要式行為，法無明文規定對未成年人簽發本票之允許需在本票上為同意之表示，故另提出法定代理人之同意書，並無違背相關規定，是法定代理人允許未成年人簽發票據，其方式法無任何限制，故得以簽發同意書之方式為之法院應裁定准許[18]。

五、案例8解析──**本票裁定之裁判費**

執票人向發票人行使追索權時，得聲請法院裁定後強制執行（票據法第123條）。是執票人或發票人不同，即非同一本票裁定事件。非同一本票裁定事件，雖得於非訟程序中以同一聲請狀請求，然裁判費應依執票人、發票人以及聲請金額，依非訟事件法第13條徵收，不得以聲請狀上之請求總金額計算裁判費[19]。聲請人甲就共同發票人不同之A、B、C三張本票，固於同一聲請狀上請求，惟A、B、C三張本票之共同發票人不同，不屬同一本票裁定事件，自應就A、B、C三張本票之請求金額，個別計算裁判費，避免聲請人規避應繳納之裁判費，而於同一聲請狀中，針對多名發票人聲請而少繳裁判費之不合理情形發生。關於非訟事件標的金額或價額之計算及費用之徵收，本法未規定者，準用民事訴訟費用有關之規定（非訟事件法第19條）。以一訴主張數項標的者，其價額合併計算之（民事訴訟法第77條之2）。準此甲以一聲請狀請求就三張本票為本票裁定，其金額自應合併計算，依對各共同發票人

---

[18] 臺灣高等法院暨所屬法院104年法律座談會民事類提案第20號。

[19] 非訟事件法第13條規定：因財產權關係為聲請者，按其標的之金額或價額，以新臺幣依下列標準徵收費用：1.未滿10萬元者，500元；2.10萬元以上未滿100萬元者，1,000元；3.100萬元以上未滿1,000萬元者，2,000元；4.1,000萬元以上未滿5,000萬元者，3,000元；5.5,000萬元以上未滿1億元者，4,000元；6.1億元以上者，5,000元。

乙丙、乙丁、丙丁之個別請求金額計算裁判費，就新臺幣（下同）120
萬元、10萬元、20萬元之本票，分別徵收2,000元、1,000元、1,000元裁
判費[20]。

六、案例9解析──本票裁定管轄法院

　　票據法第123條規定執票人就本票聲請法院裁定強制執行事件，由
票據付款地之法院管轄（非訟事件法第194條第1項）。而票據法上之付
款地與付款處所不同，此觀票據法第27條、第50條有規定付款地之付
款處所自明。所謂付款地，係指票據金額所應支付之地域。所謂付款處
所，係指該地域內之特定之地點而言。例如，臺南市為付款地，而臺南
市中山路1號為付款處所。本件本票付款地一欄記載為臺北市，是臺灣
臺北地方法院、臺灣士林地方法院管轄之地域，均屬付款地，各付款所
在地之地方法院均有管轄權，依非訟事件法第3條第1項前段規定，由其
中受理在先之法院管轄[21]。

習題

一、說明何謂甲存本票，其有何實益？

　　提示：票據法第69條第2項、第124條。

二、說明本票發票之效力為何。

　　提示：票據法第22條第1項、第52條第1項、第121條。

[20] 臺灣高等法院暨所屬法院104年法律座談會民事類提案第38號。
[21] 非訟事件法第3條規定：數法院俱有管轄權者，由受理在先之法院管轄之。但該
　　法院得依聲請或依職權，以裁定將事件移送於認為適當之其他管轄法院。

第四章

支　票

關鍵詞：金融業、公庫支票、遠期支票、公示催告、直接訴權、
將來給付之訴、甲種活期存款戶

　　研讀支票之重點，在於瞭解支票之概念、發票、付款、保付支票、平行線支票、追索權及拒絕證書。本章計有10則例題，用以分析支票之原理與其適用。

第一節　概　論

案例1

　　甲明知其於A銀行之支票存款不足，其基於不法所有之意圖，向乙購買機器，並簽發遠期支票與乙作為貨款之用途。試問乙屆期向A銀行提示而遭退票，甲有何責任？

案例2

　　甲持有拒絕往來戶乙簽發之遠期支票，未經提示。試問甲於票載發票日期，以乙到期有不履行之虞為由，向法院提起將來給付之訴，請求乙於票載發票日給付票款，有無理由？

壹、支票之定義

一、委託金融業者支付之委託證券

　　所謂支票者（check），係指發票人簽發一定之金額，委託金融業者於見票時，無條件支付與受款人或執票人之票據（票據法第4條第1項）。前項所稱金融業者，係指經財政部核准辦理支票存款業務之銀行、信用合作社、農會及漁會（第2項）。準此，支票係見票時無條件支付之票據，並係委託金融業者（financial institution）支付之委託證券。支票性質上係有價證券、金錢證券及支付證券，以支票為支付工具者，而於交付支票時，發生與給付金錢相同之效力[1]。

---

[1] 最高法院97年度台簡上字第6號民事判決。

二、甲種活期存款戶

　　甲種活期存款戶簽發支票委託金融機關於見票時，無條件付款與受款人或執票人者，核其性質為委託付款，應屬委任契約（票據法第4條、第125條第1項第5款、第135條）。第三人偽造存款戶在金融業留存印鑑之印章蓋於支票時，持向金融業支領款項，倘金融業未盡其善良管理人之注意義務而致存款戶受有損害，對於存款戶應負賠償之責。此與乙種活期存款戶與金融業間之存款契約具有消費寄託之性質，存款為第三人所冒領時，受害人為金融業，並非存款戶，存款戶仍得隨時請求返還寄託物之情形有別[2]。

三、公庫支票係指示證券

　　票據法上之支票，其付款人以銀行業者或信用合作社為限，本件支票之付款人為公庫，並非一般之銀行業者或信用合作社，是公庫支票顯非票據法上之支票，僅為指示證券[3]。

貳、遠期支票（97律師）

　　所謂遠期支票（forward check），係指發票人之票載簽發日期，為後數日或數月之日期，而作為見票付款之日期，其票載日期在實際簽發日期後，以作為預開支票之用途（票據法第128條）。

參、空頭支票

　　所謂空頭支票者（bad check）或芭樂票，係指發票人明知無存款或存款不足而簽發之支票。發票人於付款人處之存款有無或是否不足，係以提示付款時為準。

---

[2] 最高法院87年度台上字第2424號民事判決。
[3] 最高法院72年度台上字第4484號民事判決。

肆、支票準用匯票之規定（94律師；101司法官）

一、發票

支票未載受款人者，執票人得於無記名支票之空白內，記載自己或他人為受款人，由無記名支票變更為記名支票（票據法第144條、第25條第2項）。

二、背書

匯票關於背書之規定，第30條至第34條、第36條至第41條於支票準用之，而票據法第35條指定預備付款人，不準用之（票據法第144條）。

三、付款

匯票關於付款之規定，除票據法第69條第1項付款提示期限、第2項擔當付款人之提示、第70條執票人同意延期付款、第72條到期日前之付款、第76條票據金額之提存外，均可準用之（票據法第144條）。

四、追索權（105高考三級法制）

匯票關於追索權之規定，除票據法第85條第2項第1款、第2款、第87條、第88條、第97條第1項第2款、第2項及第101條外，即除以承兌為基礎之事項、拒絕證書之作成期限、依據到期日為準之利息計算外，均準用之（票據法第144條）。

五、拒絕證書

支票之拒絕證書者，可證明執票人已於法定或約定期限內，行使保全或行使本票權利而未獲結果，或者無從為行使或保全本票權利之要式證書。匯票關於拒絕證書之規定，除第108條第2項、第109條及第110條外，即複本、抄本與謄本等事項外，均於支票準用之（票據法第144條）。

伍、案例解析

一、案例1解析——發票人之責任

（一）民事責任

支票不獲付款，屬民事債務不履行，執票人乙得依據票據關係、買賣關係，請求發票人甲給付票款（票據法第126條）及買受人交付約定之買賣價金（民法第367條）。

（二）刑事責任

甲明知其於A銀行之支票存款不足，其基於不法所有之意圖，簽發遠期支票與乙作為貨款之用途，乙屆期向A銀行提示而遭退票，甲之行為該當於刑法詐欺取財罪，應依刑法規定處罰之（刑法第339條第1項）[4]。

二、案例2解析——將來給付之訴

執票人不於第130條所定期限內為付款之提示，或不於拒絕付款日或其後5日內，請求作成拒絕證書者，對於發票人以外之前手，喪失追索權（票據法第132條）。發票人雖於提示期限經過後，對於執票人仍負責任，然執票人怠於提示，致使發票人受損害時，應負賠償之責，其賠償金額，不得超過票面金額（票據法第134條）。是依票據法所定期限作成拒絕證書者，不問其以後補行請求作成與否，對於發票人，仍不喪失追索權。支票在票載發票日前，執票人不得為付款之提示（票據法第128條第2項）。準此，票載發票日與履行期限之作用實質相同，乙為拒絕往來戶，付款銀行對乙簽發之支票當然拒絕付款，其支票屆期必無從兌現，雖未到期，應認顯有到期不履行之虞，故甲提起將來給付之訴，應具備受判決之法律上利益，甲於票載發票日前提起將來給付之訴，應予准許[5]。

---

[4] 意圖為自己或第三人不法之所有，以詐術使人將本人或第三人之物交付者，處5年以下有期徒刑、拘役或科或併科50萬元以下罰金。

[5] 民事訴訟法第246條規定：請求將來給付之訴，以有預為請求之必要者為限，得提起之。

第二節 發 票

案例3

甲於2021年1月1日簽發以A銀行為付款人、票面發票日記載同年12月9日。試問該支票流通至乙，執票人乙於同年10月11日向A銀行為付款提示，A銀行得否付款之？

案例4

甲委請A銀行簽發發票人、付款人為A銀行、受款人為乙公司之支票乙紙，甲自A銀行領得支票，交付乙公司前即遺失，甲以自己名義通知A銀行掛失止付，並向法院聲請公示催告。試問本件公示催告之聲請是否合法？理由為何？

案例5

甲為支付積欠乙公司之貸款，簽發以乙公司為受款人之支票一紙，交予乙公司收款員丙攜回乙公司，丙於返回乙公司途中，不慎遺失上開支票。試問丙是否得以其自己名義聲請公示催告？何人為票據權利人或占有人？

壹、發票之款式

一、絕對必要記載事項（94律師）

（一）消費寄託與委任之混合契約

支票絕對必要記載事項如後：1.表明其為支票之文字（票據法第125條第1項第1款）；2.一定之金額（第2款）；3.付款人之商號（第3

款）。此處之商號係指金融業者。而支票存款往來契約，係支票存款戶與金融業者間消費寄託（consumption deposit）與委任（mandate）混合契約；4.無條件支付之委託（第5款）；5.發票年、月、日（第7款）。發票年月日之記載，僅須形式上記載即可，其與實際發票日期是否相同，在所不問；6.付款地（第8款）。付款地（place of disbursement）之記載，有認定提示期限之目的；7.發票人簽名（第1項）。目前金融實務上發票人之簽名，大多以蓋用留存於金融機構之印鑑章取代。

（二）授與發票行為之處理權或代理權者

支票為文義證券，應記載其為支票之文字、一定之金額、無條件支付之委託、發票年、月、日，由發票人簽名（票據法第125條第1項）。欠缺上開應記載事項之一者，依票據法第11條第1項前段，其票據無效。因支票之發票行為，依法應以文字為之的法律行為，倘有對支票之發票行為，授與處理權或代理權者，其處理權或代理權之授與，應以文字為之。否則未依法定方式為之，自屬無效（民法第73條前段、第531條）[6]。

二、相對必要記載事項（94律師）

支票相對必要記載事項如後：（一）受款人之姓名或商號（票據法第125條第1項第4款）。未載受款人者，以執票人為受款人（第2項）；（二）發票地（第1項第6款）。未載發票地者，以發票人之營業所、住所或居所所在地為發票地（第3項）。

三、任意記載事項

支票任意記載事項如後：（一）平行線之記載（票據法第139條第1項、第2項）；（二）禁止背書之記載（票據法第144條準用第30條第2項）；（三）不許以付款地通用貨幣支付之特約（票據法第144條準用第75條）；（四）免除拒絕事由通知之記載（票據法第144條準用第90條）；（五）免除拒絕證書之記載（票據法第144條準用第94條）；

---

[6] 最高法院103年度台簡上字第32號民事判決。

（六）禁止發行回頭支票之特約（票據法第144條準用第102條第1項但書）；（七）自付款提示日起之利息與利率（票據法第133條）。

四、不得記載事項

（一）不生票據上效力

票據上記載本法所不規定之事項者，不生票據上之效力（票據法第12條）。例如，第三人於支票背面記載「連帶保證人」或「見證人」文字，並簽名之，雖不生票據保證或見證人之效力，惟簽名者須負背書人之責任[7]。

（二）導致票據本身無效

有害記載會導致票據無效。例如，1.附有條件之支付委託或分期付款之記載，因與支票之本質不符，故有該等記載時，將導致該支票歸於無效；2.票款之付款人應為金融業，由公司為付款人，支票應為無效（票據法第125條第1項第3款）。

（三）記載本身無效

無益之記載，僅該記載無效。例如，支票限於見票即付，有相反之記載者，其記載無效（票據法第128條第1項）。倘支票同時記載發票日與到期日者，該到期日之記載無效。

貳、發票之效力

一、對於發票人之效力

（一）擔保支票之支付（105地方特考三等法制）

發票人應照支票文義擔保支票之支付，付款人未付款時，發票人應負償還責任，該責任屬第二次責任（票據法第126條）。執票人不於第130條所定期限內為付款之提示，或不於拒絕付款日或其後5日內，請求作成拒絕證書者，對於發票人以外之前手，喪失追索權（票據法第132

---

[7] 司法院第3期司法業務研究會，民事法律專題研究2，1983年5月2日，頁353至354。

條）。發票人雖於提示期限經過後，對於執票人仍負責任。但執票人怠於提示，致使發票人受損失時，應負賠償之責，其賠償金額，不得超過票面金額（票據法第134條）。

（二）撤銷付款委託之限制

支票之執票人，應於下列期限內，為付款之提示：1.發票地與付款地在同一省（市）區內者，發票日後7日內（票據法第130條第1款）；2.發票地與付款地不在同一省（市）區內者，發票日後15日內（第2款）；3.發票地在國外，付款地在國內者，發票日後2個月內（第3款）。發票人於第130條所定期限內，不得撤銷付款之委託，以保護執票人之權利，並維持票據之信用及流通（票據法第135條）。

二、對於保付支票付款人之效力

付款人於支票上記載照付或保付或其他同義字樣並簽名後，其付款責任與匯票承兌人同，此為保付支票。準此，付款人於支票上已為前開之記載時，發票人及背書人免除其責任（票據法第138條第1項、第2項）。

參、案例解析

一、案例3解析──遠期支票發票日之認定

支票雖應記載發票年月日（票據法第125條第1項第4款）。惟發票年月日之記載，僅須形式上記載即可，其與實際發票日期是否相同，在所不問。發票人簽發遠期支票，執票人應按照票載日期或票載日期以後為付款之提示者，票載日期當然為發票日，不得於票據以外，以當事人所證明之實際發票日期為發票日。支票限於見票即付，有相反之記載者，其記載無效。支票在票載發票日期前，執票人不得為付款之提示（票據法第128條）。準此，甲於2021年1月1日簽發以A銀行為付款人、票面發票日記載同年12月9日，該支票流通至乙，執票人乙於同年10月11日向A銀行為付款提示，A銀行自得拒絕付款，乙不能行使追索權。

二、案例4解析──支票公示催告之要件

票據喪失時，票據權利人得為公示催告之聲請；而無記名證券或空白背書之指示證券以外之證券，得由能據證券主張權利之人為公示催告之聲請（票據法第19條第1項；民事訴訟法第558條第2項）。由甲交付支票之票面金額予A銀行後，由A銀行自任發票人及付款人所簽發，其於交付受款人乙公司前遺失，是乙公司未取得支票，非屬能據支票主張權利之人；且乙公司不可能以背書及交付之方式，將支票權利轉讓予第三人，亦無第三人能據支票主張權利。參酌甲為支票之購買人，且在支票未交付予受款人乙公司前，為支票之持有人及權利人，自屬能據支票主張權利之人，故甲在持有支票期間發生票據喪失之情事，依上開規定，自得聲請公示催告，不得以其形式上並非支票之發票人或受款人，即否認其對支票所享有之支配權利[8]。

三、案例5解析──支票之占有人及權利人

支票雖在丙持有中遺失，惟因該支票係以乙公司為受款人之記名支票，且丙係乙公司之受僱人，依民法第942條規定，僅乙公司為該支票之占有人，丙並非票據權利人[9]。票據喪失時，票據權利人得為公示催告之聲請（票據法第19條第1項）。記名證券得由能據證券主張權利之人為公示催告之聲請（民事訴訟法第558條第2項）。準此，乙公司得為本件支票之公示催告聲請，丙不得以其自己名義聲請公示催告。

第三節　付　款

案例6

　　甲簽發發票日為2020年10月10日、付款人A商業銀行之支票一張交與乙，執票人乙於2021年10月11日提示。試問A商業銀行應如何處理？依據為何？

---

[8] 臺灣高等法院暨所屬法院97年法律座談會民事類提案第22號。

[9] 民法第942條規定：受僱人、學徒、家屬或基於其他類似之關係，受他人之指示，而對於物有管領之力者，僅該他人為占有人。

壹、支票之付款提示

一、提示之期限（97、102律師；94、102司法官；105地方特考三等法制）

　　支票之執票人，應於下列期限內，為付款之提示（票據法第130條）：（一）發票地與付款地在同一省（市）區內者，發票日後7日內；（二）發票地與付款地不在同一省（市）區內者，發票日後15日內；（三）發票地在國外，付款地在國內者，發票日後2個月內。

二、付款提示之當事人

　　付款提示之當事人有二：（一）提示人：付款提示之提示人為執票人（holder of bill）（票據法第130條）；（二）受提示人：付款提示之受提示人有付款人與票據交換所（票據法第144條準用第69條第3項）。

三、遵期提示之效力

（一）保全追索權（102律師；94司法官）

　　執票人必須遵期為付款之提示，始可保全對發票人以外之票據債務人之追索權。反之，執票人未遵期為付款之提示或未遵期作成拒絕證書，對於發票人以外之前手，喪失追索權（票據法第132條）。

（二）行使直接訴權之前提要件

　　支票係有價證券、流通證券及無因證券，支票執票人於法定提示期間內向付款人為付款之提示，倘發票人之存款或信用契約所約定之數，足敷支付支票金額時，付款人應負支付之責（票據法第143條）[10]。倘付款人無正當理由而拒絕付款時，執票人對付款人得行使直接訴權。

---

[10] 最高法院85年度台簡上字第73號民事判決。

貳、支票之付款程序

一、支票付款之時期（105地方特考三等法制）

付款人於提示期限經過後，仍得付款。但有下列情事之一者，不在此限（票據法第136條）：（一）發票人撤銷付款之委託：發票人於第130條所定付款提示期限內，不得撤銷付款之委託（票據法第135條）。執票人未遵期提示時，發票人得撤銷付款之委託；（二）發行已滿1年：票據上之權利，對支票發票人自發票日起算，1年間不行使，因時效而消滅（票據法第22條第1項後段）。準此，發行已滿1年之支票，付款人不得再付款。

二、支票付款人之責任

執票人於提示期限內，為付款之提示被拒，而付款人於發票人之存款或信用契約所約定之數，足敷支付支票金額時，且未收到發票人受破產宣告之通知者，執票人得直接對付款人起訴請求付款（票據法第143條）。

三、支票付款人之審查義務

付款人對於背書不連續之支票而付款者，應自負其責。付款人對於背書簽名或蓋章之真偽，及執票人是否票據權利人，不負認定之責。但有惡意及重大過失時，不在此限（票據法第144條準用第71條）。

四、支票付款人之權利

（一）收回支票

付款人付款時，得要求執票人記載收訖字樣，簽名為證，並交出支票[11]。付款人為一部分之付款時，得要求執票人在票上記載所收金額，並另給收據（票據法第144條準用第74條）。以支票轉帳（transfer accounts）或抵銷者（offset），視為支票之支付（票據法第129條）。

---

[11] 最高法院48年台上字第1784號民事判決。

（二）一部付款

發票人之存款或信用契約所約定之數，不敷支付支票金額時，得就一部分支付之。前開情形，執票人應於支票上記明實收之數目（票據法第137條）。一部付款為付款人之權利，執票人不得拒絕之。

五、支票業經通知止付

支票占有人依票據法第130條第2款所定期限，向付款人為付款之提示，倘該支票業經通知止付，而於止付未失其效力前，該止付之金額固應由付款人留存，不得支付。惟嗣後該止付通知失其效力時，付款人即應將留存之金額支付支票占有人，不得以支票發行已滿1年為由，援引該條款規定，拒絕付款[12]。

參、案例6解析——支票付款期間

付款人於提示期限經過後，仍得付款。但發行已滿1年者，不得付款（票據法第136條第2款）。以日、星期、月或年定期間者，其始日不算入（民法第120條第2項）。期間不以星期、月或年之始日起算者，以最後之星期、月或年與起算日相當日之前一日，為期間之末日（民法第121條第2項）。因票據法係民法之特別法，而票據法第22條明文規定自到期日、清償日起算，故起算日應算入。準此，甲簽發發票日為2020年10月10日、付款人A銀行之支票交與乙，其1年之期間應自2020年10月10日起算，至2021年10月9日終止。執票人乙遲至2021年10月11日提示，A銀行應拒絕付款。

---

[12] 最高法院90年度台上字第1043號民事判決。

第四節　保付支票

案例7

> 甲簽發發票日為2020年10月10日、付款人A銀行之支票，並經A銀行於該支票上記載照付之字樣而簽名其上，執票人乙於2021年10月11日提示。試問A銀行以乙未遵期提示而拒絕付款，是否有理？

壹、保付支票之定義

所謂保付支票，係指付款人於支票上記載照付或保付或其他同義字樣並簽名後，其付款責任，即與匯票承兌人同（票據法第138條第1項）。職是，保付行為係支票之特有票據行為。

貳、保付支票之效力（94高考）

一、對於付款人

付款人於支票上記載照付或保付或其他同義字樣並簽名後，其付款責任，與匯票承兌人同，成為絕對之票據債務人。付款人不得為存款額外或信用契約所約定數目以外之保付，違反者應科以罰鍰。但罰鍰不得超過支票金額（票據法第138條第3項）。違反此規定，保付行為依然有效。經付款人保付之支票，縱使支票發行已滿1年，付款人仍應負付款責任（第4項）。

二、對於發票人及背書人

付款人於支票上已為照付或保付等字樣之記載時，發票人及背書人免除其責任（票據法第138條第2項）。縱使嗣後保付人不為付款，執票人亦不得向發票人或背書人行使追索權。再者，支票經保付後，發票人不得撤銷付款之委託，縱使發票人受破產宣告，仍不影響保付之效力。

三、對於執票人

經付款人保付之支票，不適用第18條、第130條及第136條規定（票據法第138條第4項）。詳言之：（一）保付支票喪失：保付支票喪失時，執票人雖得向法院為公示催告及除權判決之聲請，惟不得為第18條之止付通知。因保付支票相當於現金支付，執票人應自負責任；（二）不受提示期限之限制：本法第130條規定之提示期限經過後，縱有第136條之發票人撤銷付款之委託，或支票之發行已滿1年，付款人仍應付款，不受提示期限之限制。

四、支票保付與匯票承兌之區別[13]

	支票保付	匯票承兌
資金關係	應在資金關係範圍內為保付	不以資金關係存在為必要
提示期限	不受法定提示期限之限制	應於到期日或其後2日為提示
拒絕效果	執票人不得向發票人與背書人行使追索權	執票人得行使追索權
票據喪失	不得止付	得止付

參、案例7解析——保付支票對於付款人之效力

保付支票之付款人責任既然與匯票承兌人相同，則保付支票之執票人對付款人之時效，其與匯票執票人對於承兌人之時效，兩者均為3年期間。經付款人保付之支票，經過本法第130條規定之提示期限後，或發票人撤銷付款之委託，或支票之發行已滿1年，付款人仍應付款，不受提示期限之限制。準此，甲簽發發票日為2020年10月10日、付款人A銀行之支票，並經A銀行於該支票上記載照付之字樣，而簽名其上，執票人乙於2021年10月11日提示，是A銀行不得以乙未遵期提示而拒絕付款。

---

[13] 潘維大，票據法，三民書局股份有限公司，2003年3月，初版2刷，頁254。

第五節　平行線支票

案例8

　　甲因商業交易關係，執有下列之支票，試問應如何提示取款：（一）乙所簽發以A銀行為付款人、面額新臺幣（下同）100萬元之普通平行線支票。（二）丙所簽發以B銀行為付款人、面額100萬元之特別平行線支票，其平行線內記載C銀行。

案例9

　　支票發票人簽發平行線支票，並記明特定之銀錢業者、信用合作社或經財政部核准辦理支票存款業務之農會之名稱。試問發票人是否得將平行線撤銷？理由為何？

壹、平行線支票之定義

　　所謂平行線支票（parallel check）、橫線支票或劃線支票，係指在支票正面劃平行線二道者，付款人僅得對金融業者支付票據金額（票據法第139條第1項）。平行線支票具有防止支票遺失或被竊遭人冒領之作用。平行線記載人包括發票人、背書人或執票人，均不須簽名或蓋章。

貳、平行線支票之種類

一、普通平行線支票

　　僅於支票正面劃平行線二道者，未於平行線內註明特定之金融業者（票據法第139條第1項）。劃平行線支票之執票人，倘非金融業者，應將該項支票存入其在金融業者之帳戶，委託其代為取款（第3項）。平行線支票僅得對金融業者支付之，其提示人亦僅以銀錢業者為限，否則

不生提示之效力[14]。

二、特別平行線支票

　　支票上平行線內記載「特定金融業者」，付款人僅得對特定金融業者支付票據金額。但該特定金融業者為執票人時，得以其他金融業者為被背書人，背書後委託其取款（票據法第139條第2項）。支票上平行線內，記載特定金融業者，應存入其在該特定金融業者之帳戶，委託其代為取款（第4項）。

參、平行線之變更與撤銷

一、平行線之變更

　　平行線是否得以變更，法無明文。是解釋普通平行線支票，得變更為特定平行線支票。而特別平行線支票，則不得變更成普通平行線支票。

二、平行線之撤銷

　　劃平行線之支票，得由發票人於平行線內記載照付現款或同義字樣，由發票人簽名或蓋章於其旁，支票上有此記載者，視為平行線之撤銷。但支票經背書轉讓者，則不得撤銷平行線（票據法第139條第5項）。

肆、平行線支票付款人之責任

　　平行線支票係為保護發票人、背書人及執票人而設，故付款人違反本法第139條之平行線支票規定而付款者，應負賠償損害之責。但賠償金額不得超過支票金額（票據法第140條）。

---

[14] 最高法院51年台上字第581號民事判決。

伍、案例解析

一、案例8解析——平行線支票之提示取款

（一）普通平行線支票之提示取款

僅於支票正面劃平行線二道者，未於平行線內註明特定之金融業者。劃平行線支票之執票人，如非金融業者，應將該項支票存入其在金融業者之帳戶，委託其代為取款。付款人僅得對金融業者支付票據金額。準此，甲執有乙所簽發以A銀行為付款人、面額新臺幣（下同）100萬元之普通平行線支票，執票人甲應將其存入甲開設於往來金融業者帳戶內，由該金融業者代甲向付款人A銀行提示付款。

（二）特別平行線支票之提示取款

支票上平行線內記載特定金融業者，付款人僅得對特定金融業者支付票據金額。但該特定金融業者為執票人時，得以其他金融業者為被背書人，背書後委託其取款。支票上平行線內，記載特定金融業者，應存入其在該特定金融業者之帳戶，委託其代為取款（票據法第139條第4項）。準此，甲執有丙所簽發以B銀行為付款人、面額100萬元之特別平行線支票，其平行線內記載C銀行。執票人甲應將其存入甲開設於C銀行之帳戶，由該金融業者代甲向付款人B銀行提示付款。

二、案例9解析——平行線之撤銷

票據法第139條第5項規定，劃平行線之支票，得由發票人於平行線內記載照付現款或同義字樣，由發票人簽名或蓋章於其旁，支票上有此記載者，視為平行線之撤銷。準此，法條規定並未指普通平行線或特別平行線支票，依理應均包括在內，故發票人仍可撤銷該平行線。

案例10

> 甲向乙借款，而於2020年7月4日簽發以A銀行為付款人、票載發票日2018年10月11日、票面金額為新臺幣100萬元之支票作為借款憑證，並經丙於支票背面簽名，記載保證人丙。甲於2020年10月12日向A銀行提示請求付款，經以存款不足之理由退票。試問執票人甲得向何人行使追索權？理由為何？

壹、追索權

一、追索權行使之原因（94司法官）

追索權行使之原因如後：（一）不獲付款：執票人於第130條所定提示期限內，為付款之提示而被拒絕時，對於前手得行使追索權（票據法第131條第1項本文）；（二）付款人受破產宣告（票據法第144條準用第85條第2項第3款）。

二、追索權行使之保全（102律師；94司法官）

執票人應於第130條所定期限內為付款之提示，或於拒絕付款日或其後5日內，請求作成拒絕證書者，否則對於發票人以外之前手，喪失追索權（票據法第132條）。發票人雖於提示期限經過後，對於執票人仍負責任。但執票人怠於提示，致使發票人受損失時，應負賠償之責，其賠償金額，不得超過票面金額（票據法第134條）。

三、追索權行使之金額

在票據上簽名者，依票上所載文義負責，發票人應照支票文義擔保支票之支付。且票據債權人行使追索權時，得請求自為付款提示日起之利息，如無約定利率者，依年息6%計算（票據法第133條）。倘不為付款之提示，利息之起算，無從計算。

貳、拒絕證書

一、拒絕證書之作成期限

執票人於第130條所定提示期限內，為付款之提示而被拒絕時，對於前手得行使追索權（票據法第131條第1項本文）。執票人應於拒絕付款日或其後5日內，請求作成拒絕證書（第1項但書）。

二、拒絕證書之種類

（一）正式拒絕證書

拒絕證書應記載下列各款，由作成人簽名，並蓋作成機關之印章（票據法第107條）：1.拒絕者及被拒絕者之姓名或商號；2.對於拒絕者，雖為請求未得允許之意旨，或不能會晤拒絕者之事由或其營業所、住所或居所不明之情形；3.為前款請求或不能為前款請求之地及其年、月、日；4.於法定處所外作成拒絕證書時，當事人之合意；5.有參加承兌時，或參加付款時，參加之種類及參加人，並被參加人之姓名或商號；6.拒絕證書作成之處所及其年、月、日。

（二）略式拒絕證書

付款人於支票或黏單上記載拒絕文義及其年、月、日並簽名者，其與作成拒絕證書，有同一效力（票據法第131條第2項）。例如，銀行之退票理由單。

參、案例10解析——支票上為保證人之責任

票據上記載本法所不規定之事項，不生票據上之效力。關於保證之規定，對於支票不在準用之列（票據法第12條、第144條）。是背書人空白背書支票，而於簽名蓋章上加寫「保證人」字樣，僅生背書之效力，不生民法上之保證責任。準此，甲向乙借款，而於2020年7月4日簽發以A銀行為付款人、票載發票日2018年10月11日、票面金額為新臺幣100萬元之支票作為借款憑證，並經丙於支票背面簽名，記載保證人丙。甲於2020年10月12日向A銀行提示請求付款，經以存款不足之理由

退票，執票人甲得向發票人乙與背書人丙行使追索權[15]。

習題

一、何謂遠期支票？何謂空頭支票？

　　提示：參照本書第四章第一節所述之遠期支票與空頭支票。

二、說明支票之付款提示。

　　提示：票據法第130條。

三、說明保付支票之定義與其效力。

　　提示：票據法第138條。

四、何謂平行線支票？平行線支票之種類有幾種？

　　提示：票據法第139條。

---

[15] 最高法院53年台上字第1930號民事判決、63年度第6次民庭庭推總會議決議（七）。

第五章

票據民事事件

關鍵詞：證明、執行名義、強制執行、時效抗辯、票據付款地、
　　　　　特別審判籍、普通審判籍、以原就被原則

研讀票據民事事件包含訴訟事件與非訟事件，在於瞭解票據訴訟管轄法院、票據訴訟程序、本票裁定事件。本章計有13則例題，用以分析票據民事事件之原理與其適用。

第一節　票據訴訟管轄法院

> 　　甲住所位於臺南市，持住所位於臺中市之乙所簽發，未載付款地及發票地之本票，向臺灣臺中地方法院聲請裁定准予強制執行後，乙以兩造間就該本票並無債權債務關係存在為由，向臺灣臺中地方法院起訴，請求確認該本票之債權不存在。試問臺灣臺中地方法院就該訴訟有無管轄權？理由為何？

壹、票據訴訟之普通管轄法院

一、自然人

（一）被告住居所或原因事實發生地

1. 以原就被原則（94司法官）

　　所謂民事事件之管轄者（jurisdiction），係指依法律規定，將一定之民事訴訟事件，分配於法院之標準。民事訴訟為保護被告利益，俾於被告應訴，防止原告濫訴，採以原就被原則，以被告住所地（the defendant's domicile）之法院為管轄法院，稱為被告之普通審判籍（民事訴訟法第1條第1項前段）[1]。例如，本票執票人向發票人請求票款，得以發票人之住所地所在法院為管轄法院。例外情形，係被告住所地之法院不能行使職權者，由其居所地（the defendant's residence）法院管轄（第1項中段）。訴之原因事實發生於被告居所地者，亦得由其居所

---

[1] 最高法院92年度台上字第2477號民事判決。

地之法院管轄（第1項後段）²。因定法院之管轄，應以起訴時為準。倘被告於其居所地發生訴之原因事實後，在起訴前已離去並廢止該居所，則該原因事實發生地於起訴時已非被告之居所地，該地法院自無本項後段之管轄權。

2. 住所之認定

　　依一定事實足認以久住之意思，住於一定之地域者，即為設定其住所於該地（民法第20條第1項）。顯見我國民法關於住所之設定，兼採主觀主義及客觀主義之精神，倘當事人主觀有久住一定地域之意思，客觀亦有住於一定地域之事實，該一定之地域即為其住所。而住所雖不以戶籍登記為要件，惟無客觀之事證，足認當事人已久無居住該原登記戶籍之地域，並已變更意思以其他地域為住所者，戶籍登記之處所，得推定為住所³。

（二）被告無住居所或不明

　　被告在中華民國現無住所或住所不明者，以其在中華民國之居所，視為其住所（民事訴訟法第1條第2項前段）；無居所或居所不明者，以其在中華民國最後之住所，視為其住所（第2項後段）。在外國享有治外法權之中華民國人，不能依前二項規定，認定管轄法院者，以中央政府所在地視為其住所地（第3項）。職是，為保護被告利益，防止原告濫訴，管轄適用「以原就被原則」，以被告住所地之法院為管轄法院。例外情形，以原因事實發生地、被告居所地、最後住所地、中央政府所在地之法院為其補充之管轄法院。

二、法人及其他團體

（一）本國法人

　　對於公法人（a public juridical person）之訴訟，由其公務所所在地之法院管轄；其以中央或地方機關為被告時，由該機關所在地之法院管轄（民事訴訟法第2條第1項）。對於私法人（a private juridical person）

2　最高法院65年台抗字第162號民事裁定：管轄權之有無，應依原告主張之事實，依法律關於管轄之規定而為認定，即與其請求之是否成立無涉。
3　最高法院100年度台上字第1373號民事判決。

或其他得為訴訟當事人之團體之訴訟,由其主事務所(principal office)或主營業所所在地(principal place of business)之法院管轄(第2項)[4]。

(二)外國法人

對於外國法人(a foreign juridical person)或其他得為訴訟當事人之團體之訴訟,由其在中華民國之主事務所或主營業所所在地之法院管轄(民事訴訟法第2條第3項)。民事事件涉及外國人或外國地者,為涉外民事事件,內國法院應先確定有國際管轄權,始得受理,繼而依內國法之規定或概念,就爭執之法律關係予以定性後,決定應適用之法律或準據法[5]。

貳、票據訴訟之特別管轄法院

一、票據付款地之法院管轄

本於票據有所請求而涉訟者,得由票據付款地之法院管轄稱此為被告之特別審判籍(民事訴訟法第13條)。本於票據有所請求,包含執票人請求付款與行使追索權之訴。例如,臺中市為支票付款地,執票人得向臺灣臺中地方法院提起給付票款之訴。

二、共同特別審判籍

共同訴訟之被告數人(codefendants),其住所不在一法院管轄區域內者,各該住所地之法院俱有管轄權(民事訴訟法第20條本文)。但依第4條至第19條規定有共同管轄法院者,由該法院管轄(第20條但書)。申言之,適用本條本文之要件有:(一)須被告為二人以上;(二)須數被告之住所,不在同一法院管轄區域以內;(三)須無民事

---

[4] 最高法院93年度台上字第61號民事裁定:民事訴訟法第136條所稱營業所,係指應受送達人從事商業或其他營業之場所而言,初不以其是否為主營業所為限,此與同法第2條規定私法人應依其主營業所所在地定普通審判籍,為屬訴訟管轄法院之規範不同。

[5] 最高法院98年度台上字第2259號民事判決。

訴訟法第4條至第19條之共同特別審判籍。倘有共同特別審判籍，不適用各被告住所地法院，均有管轄權之規定。例如，支票之發票人甲住所地在臺中市，背書人乙住所地在嘉義市，支票之付款地在臺中市，支票之執票人丙向臺灣嘉義地方法院起訴請求甲、乙連帶給付票款，被告甲抗辯該法院對其無管轄權。因執票人丙係本於票據涉訟，應由甲、乙之共同特別審判籍，即支票付款地之法院管轄（民事訴訟法第13條）。丙向背書人乙住所地之臺灣嘉義地方法院起訴，臺灣嘉義地方法院並無管轄權，應依民事訴訟法第28條第1項規定，以職權裁定將全案移送共同特別審判籍之臺灣臺中地方法院管轄。

參、票據訴訟之管轄競合

被告住所、不動產所在地、侵權行為地或其他據以定管轄法院之地，跨連或散在數法院管轄區域內者，各該法院均有管轄權，此為法院管轄權之競合（民事訴訟法第21條）。而同一民事訴訟，數法院有管轄權者，原告得任向其中一法院起訴，此稱原告之選擇管轄權（民事訴訟法第22條）。被告普通審判籍所在地法院管轄權，僅為法律規定專屬管轄所排除，不因定有特別審判籍而受影響，故同一訴訟之普通審判籍與特別審判籍，不在一法院管轄區域內者，為民事訴訟法第22條所謂數法院有管轄權，原告得任向其中一法院起訴，其向被告普通審判籍所在地之法院起訴者，被告不得以另有特別審判籍所在地之法院，而抗辯該法院無管轄權[6]。例如，臺中市為支票付款地，發票人住所地在新竹市，執票人得向臺灣臺中地方法院或臺灣新竹地方法院提起給付票款之訴（民事訴訟法第1條第1項前段、第13條）。

肆、案例1解析──本於票據請求涉訟

民事訴訟法第427條第2項第6款之本於票據有所請求而涉訟者，應包括確認票據債權存在或不存在之訴訟在內[7]。而同法第13條規定，本於票據有所請求而涉訟者，得由票據付款地之法院管轄。其與同法第

---

[6]　最高法院98年度台抗字第827號民事裁定。

[7]　最高法院81年台抗字第412號民事裁定。

427條第2項第6款規定相同，故同法第13條有關管轄規定，應為相同解釋。準此，乙簽發之本票，其上未記載付款地或發票地，依票據法第120條第4項、第5項規定，應以發票人乙住所地之臺中市為付款地之特別審判籍，或依據以原就被之普通審判籍，臺灣臺中地方法院就該訴訟有管轄權[8]。

第二節　票據訴訟程序

案例2

　　乙與丙分別積欠甲貨款或票款。試問甲合併起訴時，各應適用通常訴訟程序抑或簡易訴訟程序審理：（一）原告甲訴請被告乙應付貨款新臺幣（下同）20萬元，被告丙應給付票款20萬元。（二）原告甲訴請被告乙應給付貨款50萬元，被告丙應給付票款50萬元。（三）原告甲訴請被告乙應給付票款100萬元。

壹、簡易訴訟程序

一、本於票據有所請求

　　本於票據有所請求而涉訟者，不問其標的金額或價額一律適用簡易程序，其審判以獨任法官行之（民事訴訟法第427條第2項第6款）[9]。對於票據訴訟簡易程序之第一審裁判，得上訴或抗告於管轄之地方法院，其審判以合議行之（民事訴訟法第436條之1第1項）。例如，向臺灣臺中地方法院提起給付票款之訴，不服該給付票款之民事判決，應向臺灣臺中地方法院提起上訴。再者，當事人於前項上訴程序，為訴之變更、追加或提起反訴，致應適用通常訴訟程序者，不得為之（第2項）。

---

[8] 臺灣高等法院暨所屬法院100年法律座談會民事類提案第32號。

[9] 民事訴訟法第436條規定：簡易訴訟程序在獨任法官前行之。簡易訴訟程序，除本章別有規定外，仍適用第一章通常訴訟程序之規定。

二、簡易訴訟程序與通常訴訟程序之適用

　　適用簡易訴訟程序或通常訴訟程序，固與當事人利益有關，然非僅爲當事人之利益而設。第一審法院應適用簡易訴訟程序誤爲適用通常訴訟程序，其所踐行之訴訟程序，係通常訴訟程序，應依通常訴訟程序定其管轄第二審之法院。同理，地方法院簡易庭誤將普通案件以簡易案件受理判決後，當事人不服判決，提起上訴，管轄法院爲地方法院合議庭[10]。

貳、飛躍上訴或抗告

一、適用法規顯有錯誤

　　對於簡易訴訟程序之第二審裁判，其上訴利益逾第466條所定之額數者，當事人僅得以其適用法規顯有錯誤爲理由，逕向最高法院提起上訴或抗告（民事訴訟法第436條之2第1項）[11]。前項上訴及抗告，除別有規定外，仍適用第三編第二章第三審程序、第四編抗告程序之規定（第2項）。所謂適用法規顯有錯誤，係指原第二審判決就其取捨證據所確定之事實適用法規顯有錯誤而言。不包括判決不備理由、認定事實錯誤或認定事實不當之情形[12]。

二、法律見解具有原則上之重要性者

　　對於簡易訴訟程序之第二審裁判，提起第三審上訴或抗告，須經原裁判法院之許可（民事訴訟法第436條之3第1項）。前項許可，以訴訟事件所涉及之法律見解具有原則上之重要性者爲限（第2項）。第1項之上訴或抗告，爲裁判之原法院認爲應行許可者，應添具意見書，敘明合於前項規定之理由，逕將卷宗送最高法院；認爲不應許可者，應以

---

[10] 林洲富，民事訴訟法理論與案例，元照出版有限公司，2020年2月，4版1刷，頁282、284。

[11] 司法院(91)院台廳民一字第03075號：本院已將民事訴訟法第466條第1項所定上訴第三審之利益額數，提高爲新臺幣150萬元，並訂於2002年2月8日起實施。

[12] 最高法院80年台上字第1326號、93年度台簡抗字第19號民事判決。

裁定駁回其上訴或抗告（第3項）。前項裁定得逕向最高法院抗告（第4項）[13]。例如，上訴人以第二審判決適用法規顯有錯誤爲由，對之提起上訴，惟據其書狀記載內容，無非爲指摘原第二審取捨證據或認定事實之職權行使不當，而未具體說明該判決有何適用法規顯有錯誤之情事，難謂其上訴涉及之法律見解，具有原則上之重要性，第二審法院應以裁定駁回[14]。

參、舉證責任之分配原則

個案之具體事實應依證據認定之。無證據不得臆斷事實之眞偽，更不容以假設之事實，作爲事實，以之爲判斷之基礎（民事訴訟法第222條第1項、第3項）[15]。故當事人主張有利於己之事實者，就其事實有舉證責任（bear the burnden of proof）。但法律別有規定，或依其情形顯失公平者，不在此限（民事訴訟法第277條）[16]。原告主張權利者，應先由原告負舉證之責，倘原告先不能舉證，以證實自己主張之事實爲眞實，縱使被告就其抗辯事實不能舉證，或其所舉證據尚有瑕疵，亦應駁回原告之請求。反之，原告於起訴原因已有相當之證明，而被告於抗辯事實並無確實證明方法，僅以空言爭執者，當可認定其抗辯事實之非眞正，而應爲被告不利益之裁判。換言之，負舉證責任之當事人，應證明至使法院就該待證事實，獲得確實之心證，始盡其證明責任。倘不負舉證責任之他造當事人，就同一待證事實已證明間接事實，而該間接事實依經驗法則爲判斷，其與待證事實之不存在，可認有因果關係，足以動搖法院原已形成之心證者，將因該他造當事人所提出之反證，使待證事實回復至眞偽不明之狀態。故仍應由主張該事實存在之一造當事人，舉證以實其說，始已盡其證明責任[17]。

---

[13] 最高法院105年度台簡抗字第181號民事裁定：所謂第436條之2第1項之逕向最高法院抗告，係指對於簡易訴訟程序第二審法院所爲之抗告裁定向最高法院再爲抗告而言，不包括就第二審法院所爲之初次裁定提起抗告。

[14] 最高法院81年度台抗字第160號民事裁定。

[15] 最高法院99年度台上字第1115號民事判決。

[16] 最高法院106年度台上字第33號民事判決。

[17] 最高法院93年度台上字第2058號民事判決。

一、法律關係發生之特別要件（94、103、106司法官）

　　主張法律關係存在之當事人，僅須就該法律關係發生所須具備之特別要件，就此有利於己之事實，負舉證責任。同理，他造主張有利於己之事實，應由他造舉證證明[18]。職是，當事人未能舉證證明有利於己之事實，則未盡舉證責任，將有敗訴之危險性。

（一）票據之發票行為

　　票據為無因證券，持票人或受款人雖就票據作成前之債務關係，無庸證明其原因。然票據本身是否真實，是否為發票人所作成，應由支票債權人負證明之責任[19]。準此，票據所載之發票人，否認票據之簽名或蓋章，非其所為者，持票人或受款人就票據之簽名或蓋章，應舉證以實其說。

（二）消費借貸關係

　　支票為無因證券，交付票據之原因甚多，有贈與、買賣或借貸等法律關係，非僅限於金錢借貸，故僅有支票之簽發、授受或轉讓，不足以證明消費借貸之原因事實[20]。職是，當事人主張有金錢借貸關係存在，須就其發生所須具備之特別要件，即金錢之交付及借貸意思表示互相一致負舉證之責任，倘僅證明有票據之交付，未證明借貸意思表示互相一致者，則不能認為有金錢借貸關係存在（民法第474條）[21]。

（三）利益償還請求權

　　支票執票人依票據法第22條第4項規定，對發票人請求償還其所受利益者，除發票人對執票人主張其得利之原因事實不爭執外，應由執票人就該得利之事實，負舉證責任，不得僅憑支票，請求償還相當於票面金額之利益[22]。例如，發票人甲為清償積欠乙之借款之目的，而交付乙

---

[18] 最高法院48年台上字第887號民事判決。

[19] 最高法院50年台上字第1659號民事判決。

[20] 最高法院89年度台上字第1082號民事判決。

[21] 最高法院106年度台上字第298號民事判決。民法第474條第1項規定：稱消費借貸者，謂當事人一方移轉金錢或其他代替物之所有權於他方，而約定他方以種類、品質、數量相同之物返還之契約。

[22] 最高法院103年度台簡上字第30號民事判決。

支票，乙未提示支票，是甲究因乙未提示支票受有何利益？甲所受利益額若干？自應由執票人乙負舉證責任。

二、法律關係變更或消滅之特別要件

　　當事人主張法律關係有變更或消滅之事由，應就法律關係變更或消滅所須具備之特別要件，負舉證之責任。例如，請求履行債務之訴，原告雖就其所主張債權發生原因之事實，有舉證之責任，然被告自認此項事實，而主張該債權已因清償而消滅，則清償之事實，應由被告負舉證之責任[23]。準此，主張法律關係變更或消滅有利之當事人，應舉證證明有變更或消滅之特別要件發生，倘未舉證以實其說，則將有敗訴之危險性。

（一）票據原因關係不存在

　　票據行為係不要因行為，執票人不負證明關於給付之原因之責任，倘票據債務人主張執票人取得票據出於惡意或詐欺時，則應由債務人負舉證之責（票據法第13條、第14條）[24]。準此，票據債務人主張其與執票人間，並無票據行為之原因關係存在，自應由債務人就票據原因關係不存在之事實，應就有利於己之事實，負舉證責任[25]。

（二）票據之抗辯事由

　　票據乃文義證券及無因證券，票據之權利義務悉依票據所載文義定之，而基礎之原因關係各自獨立，票據之權利行使不以其原因關係存在為前提。執票人行使票據上權利時，就其基礎之原因關係有效存在之事實，不負舉證責任（票據法第13條）。職是，票據債務人以自己與執票人間所存抗辯之事由對抗執票人，依票據法第13條規定，雖為法准許，惟應先由票據債務人就抗辯事由負舉證之責任[26]。再者，票據基礎之原因關係確立後，法院就此項原因關係進行實體審理時，當事人於該原因

---

[23] 最高法院103年度台上字第2328號民事判決。
[24] 最高法院64年台上字第1540號、105年台簡上字第30號民事判決。
[25] 最高法院69年度台上字第3754號民事判決。
[26] 最高法院102年度台上字第466號、104年度台簡上字第23號、104年度台簡上字第34號、106年度台簡上字第1號民事判決。

關係是否有效成立或已否消滅等事項有所爭執，固應適用各該法律關係之舉證責任分配原則[27]。惟執票人主張係發票人向其借款而簽發交付，發票人抗辯其未收受借款，則就借款已交付之事實，應由執票人負舉證責任[28]。

三、變態事實

　　事實有常態與變態之區分，常態事實為日常生活所通行之現象，如日出於東而日落於西。故主張常態事實者，無庸負舉證責任；反之，主張變態事實者，其發生可能性較低或不易發生，故主張有變態事實者，應負舉證責任，如夏日下雪為異常現象而為變態事實[29]。例如，以蓋章代票據之簽名，其蓋章通常必出於本人之意思，被告承認本票或支票發票人欄下之印章為其所有，因印章非本人保管或已遺失，而遭他人盜蓋。有鑑於票據為無因證券，在支票簽名者，依票據所載文義負責，票據簽名得以蓋章代之（票據法第5條、第6條）。準此，就印章係被盜用之事實，應由印章所有人舉證證明[30]。

肆、提起確認本票偽造或變造之訴（98司法事務官；102公證人）

一、起訴要件

　　發票人主張本票係偽造、變造者，應於接到准予強制執行之本票裁定後20日之不變期間內，對執票人向為裁定法院提起確認之訴（非訟事件法第195條第1項）。是發票人主張本票係偽造或變造提起訴訟時，執行法院始應停止執行，至於主張惡意取得者，則不包括在內[31]。發票

---

[27] 最高法院97年度台簡上字第17號民事判決。

[28] 最高法院104年度台簡上字第33號民事裁定。最高法院105年度台簡上字第33號、106年度台簡上字第55號、106年度台簡上字第57號民事判決。

[29] 最高法院86年度台上字第891號民事判決。

[30] 最高法院69年度台上字第1300號、70年度台上字第4339號民事判決。

[31] 非訟事件法令暨法律問題研究彙編2，司法院第一廳，1991年6月，頁329至330。

人證明已提起前開訴訟時，執行法院應停止強制執行（第2項本文）。但得依執票人聲請，許其提供相當擔保，繼續強制執行，亦得依發票人聲請，許其提供相當擔保，停止強制執行（第2項但書）。發票人主張本票債權不存在而提起確認之訴不合於第1項規定者，法院依發票人聲請，得許其提供相當並確實之擔保，停止強制執行（第3項）[32]。準此，本票發票人以執票人所持以發票人名義簽發之本票，均為第三人所偽造，提起確認兩造間就該本票債權不存在之訴，雖逾20日之不變期間。惟本票發票人未於不變期間提起確認之訴，僅無執行法院應停止強制執行之適用，然得提起確認之訴[33]。

二、舉證責任

本票為無因證券，僅就本票作成前之債務關係，毋庸證明其原因而已。至該本票本身是否真實，即是否為發票人所作成，即應由本票債權人負證明之責（民事訴訟法第277條本文）[34]。職是，發票人主張本票係偽造者，依非訟事件法第195條第1項規定，對執票人提起確認本票係偽造或本票債權不存在之訴者，應由執票人就本票為真正之事實，先負舉證責任[35]。

二、專屬管轄

所謂專屬管轄，非以法律明文定為專屬管轄者為限，非訟事件法第194條規定應由一定法院管轄者，其屬專屬管轄，不得任由當事人合意變更之。準此，執票人應向專屬為本票裁定之法院，對執票人提起確認之訴[36]。

---

[32] 最高法院106年度台簡抗字第64號民事裁定。
[33] 最高法院64年台抗字第242號、106年度台上字第1953號民事裁定。
[34] 最高法院50年台上字第1659號民事判決。
[35] 最高法院65年度第6次民庭庭長會議決議（一）。
[36] 司法院1986年7月10日(75)廳民一字第1405號函。

三、確認本票債權不存在勝訴判決確定

　　發票人證明已依非訟事件法第195條第1項規定提起訴訟時，依同條第2項規定，執行法院應即停止強制執行。此項立法目的，在於可否強制執行，應待實體上訴訟終結以定其債權之存否。此項訴訟如經判決確定，確認其本票債權不存在，即可認定前准許強制執行之裁定，其執行力亦不存在[37]。再者，本票裁定之強制執行名義成立後，如經發票人提起確認本票債權不存在之訴，而獲得勝訴判決確定時，應認原執行名義之執行力，已可確定其不存在。尚在強制執行中，債務人可依強制執行法第12條規定聲明異議，業經執行完畢者，發票人得依不當得利規定，請求返還因執行所得之利益[38]。倘執票人應負侵權責任時，並應賠償發票人因執行所受之損害[39]。

伍、案例2解析——票據之訴訟程序適用

　　關於財產權之訴訟，其標的之金額或價額在新臺幣（下同）50萬元以下者，適用本章所定之簡易程序（民事訴訟法第427條第1項）。本於票據有所請求而涉訟者，不問其標的金額或價額一律適用簡易程序（民事訴訟法第427條第2項第6款）。準此，依民事訴訟法第427條第1項規定，訴訟標的金額合併計算均逾50萬元，應依通常訴訟程序審理。而本於票據有所請求而涉訟者，均適用簡易程序。申言之：（一）原告甲訴請被告乙應付貨款20萬元，被告丙應給付票款20萬元，合併請求金額未逾50萬元，應依簡易訴訟程序審理；（二）原告甲訴請被告乙應給付貨款50萬元，被告丙應給付票款50萬元，合併請求金額逾50萬元，應依普通訴訟程序審理；（三）原告甲訴請被告乙應給付票款100萬元，此爲本於票據有所請求，不論金額或價額，應適用簡易程序審理。

---

[37] 最高法院70年度第24次民事庭會議決定（一）。

[38] 本票債權人於債務人提起確認本票債權不存在之訴中，業經執行完畢，債務人得以情事變更而以不當得利，請求債權人返還因執行所得之利益。

[39] 最高法院70年度第24次民事庭會議決定（二）。

第三節　本票裁定事件

案例3

　　甲持乙簽發之本票，該本票並未記載付款地及發票地，乙住所地在臺中市，甲向臺灣臺南地方法院聲請對乙簽發之本票准許強制執行。試問法院應如何處理？依據為何？

案例4

　　甲執有乙簽發之本票，並免除作成拒絕證書。除約定利息外，亦有違約金之約定，甲到期日後經提示未獲付款，甲為此提出本票為憑，聲請裁定准許就本票面額、利息及違約金強制執行。試問法院應如何裁定？依據為何？

案例5

　　甲執有乙簽發面額新臺幣（下同）100萬元，發票日2021年1月1日之本票，記載分10期給付，自2021年1月起，每月15日支付10萬元，並免除作成拒絕證書，約定利息按年息6%計算。詎乙僅支付三期款共計30萬元外，其餘經提示未獲付款，未到期部分視為全部到期，計尚欠聲請人70萬元。試問甲為此聲請裁定准許強制執行，法院應如何處理？

案例6

　　甲執有乙簽發面額新臺幣100萬元，到期日2021年2月1日，甲於同年1月1日經提示不獲付款。試問甲為此提出該本票，向法院聲請裁定准許強制執行，法院應如何裁定？

案例7

甲執有乙所簽發之本票一張，並免除作成拒絕證書，主張迄今未獲支付等情為由，向法院聲請裁定准予強制執行。試問甲所持有之本票未記載到期日，其聲請狀復未表明何時提示，法院應如何處理？

案例8

甲簽發未載付款地及發票地之本票一紙交付乙後，甲從臺中市遷居至高雄市前鎮區。試問乙因屆期不獲付款，聲請法院裁定本票准予強制執行，本件本票裁定應由何法院管轄？

案例9

甲、乙共同於本票發票人欄簽名，而乙於其姓名旁另書寫見證人之字樣，甲、乙持該本票向丙調借現金。試問本票嗣後到期未獲付款，丙聲請法院對甲、乙裁定強制執行，法院應如何處理？

案例10

本票執票人聲請對本票發票人為強制執行時，法院裁定准許強制執行時。試問民事裁定書之論結欄，應如何引用民事訴訟法或非訟事件法？依據為何？

案例11

　　甲、乙均參加丙所召集之互助會，甲得標後簽發發票日期、到期日空白之本票交付會首丙，丙完成發票日、到期日之記載後，交付未得標會員乙，憑以收取會款，本票屆期經提示未獲付款，乙乃聲請本票裁定強制執行。試問甲以未取得得標會款，丙未經合法授權，無權完成發票行為，提起對乙確認本票債權不存在之訴，有無理由？

案例12

　　甲簽發到期日2018年1月1日之本票予乙，並免除作成拒絕證書，乙遲至2021年2月20日始執該本票向地方法院聲請裁定准予強制執行，經地方法院裁定准許後。試問甲以該票據權利已罹於時效為由，提起抗告，抗告法院應如何裁判？

案例13

　　執票人雖持蓋有獨資商號印章，然未有其負責人簽名或蓋章之本票，執票人向法院聲請本票裁定准予強制執行，倘發票時商號負責人與聲請本票裁定時商號負責人，係不同之負責人。試問執票人主張對後負責人為本票裁定，法院應否准許？

壹、非訟事件

一、法律之適用

　　非訟事件法對本票裁定之管轄及確認本票債權之訴等事項，僅為原則性之規定，是所衍生之本票裁定之管轄法院、本票裁定之請求範圍及確認本票債權之訴等事件，需要藉由非訟事件法理及票據法、民事訴訟

法、強制執行法之有關規定，爲適當之處理。準此，探討本票之裁定相關法律問題，除適用法律規定及實務之見解外，亦應斟酌非訟事件法規定，始能就本票裁定作全面及深入之瞭解。

二、對本票裁定抗告無停止執行之效力

票據法第123條規定，係特別保護執票人、加強本票獲償及助長本票流通。且非訟事件法第46條準用民事訴訟法第491條第1項規定，抗告除別有規定外，無停止執行之效力[40]。準此，本票裁定經合法送達，毋庸檢附確定證明書，即可強制執行[41]。

三、本票裁定之強制執行要件

依強制執行法第6條第1項第6款規定，債務人依本票准予強制執行之裁定，聲請強制執行，應提出得爲強制執行名義之證明文件，此爲法院裁定正本。法院裁定未經宣示者，其羈束力應於送達時發生。準此，本票准許強制執行之裁定，是否業經合法送達於兩造當事人，有無執行力，涉及強制執行開始之要件，執行法院依法有調查認定之權責[42]。換言之，爲執行名義之本票准許強制執行裁定，經執行法院調查結果，未合法送達於債務人，對債務人未發生執行力，債權人據以爲執行名義聲請強制執行，自有未合，應予駁回[43]。

四、本票裁定之消滅時效

經確定判決或其他與確定判決有同一效力之執行名義所確定之請求權，其原有消滅時效期間不滿5年者，因中斷而重行起算之時效期間爲5年（民法第137條第3項）。因本票裁定不具與確定判決同一之效力，其

---

[40] 抗告及再抗告，除本法另有規定外，準用民事訴訟法關於抗告程序之規定。

[41] 非訟事件法令暨法律問題研究彙編（二），司法院第一廳，1991年6月，頁314、323、324。

[42] 臺灣高等法院82年度抗字第1654號民事裁定。

[43] 司法院第21期司法業務研究會，民事法律專題研究（十），司法院民事廳，1994年6月，頁79至81。

時效並不因之而延長為5年。是持本票裁定執行者，因聲請執行而中斷（民法第136條）。其時效自執行法院核發債權憑證日起，重新起算3年（票據法第22條第1項）。

五、本票發票人死亡

（一）繼承人不承受程序

民事訴訟法第168條至第180條及第188條規定，其於非訟事件準用之（非訟事件法第35條之1）。準此，聲請人或相對人有死亡、喪失資格或其他事由致不能續行程序，在有依法令得續行程序之人情形，非訟事件固準用民事訴訟法有關訴訟程序當然停止之規定。然執票人依票據法第123條規定，聲請法院裁定許可強制執行事件，限定執票人向發票人行使追索權時，始得為此聲請，對本票發票人以外之人，不得援用本法條規定，對之聲請裁定許可強制執行，故發票人死亡後，不得由其繼承人承受程序。

（二）繼承人非本票之發票人

票據法第123條所定執票人就本票聲請法院裁定強制執行事件，係屬非訟事件，故法院於為准駁之裁定時，僅能依該法條規定，就形式審查聲請人是否為本票執票人，能否行使追索權，相對人是否為本票發票人等事項而決定之。至於相對人是否為本票發票人之繼承人，已否拋棄繼承等事項，屬確定實體上法律關係之問題，法院於非訟事件程序不得審究，是對本票發票人以外之人行使追索權時，聲請法院裁定強制執行，法院不應准許[44]。準此，發票人死亡，其繼承人雖對於被繼承人之債務，以因繼承所得遺產為限，負連帶責任（民法第1153條第1項）。然繼承人並非本票之發票人，自不得為裁定准許強制執行之相對人[45]。

---

[44] 司法院1983年1月29日(72)廳民三字第0078號函。臺灣高等法院89年度抗字第19號民事裁定。

[45] 最高法院92年度台抗字第241號民事裁定。

貳、移轉管轄（97民間公證人）

一、適用民事訴訟法第28條第1項

　　非訟事件聲請人常不明瞭非訟事件土地管轄之規定，而誤向無管轄權之法院聲請，因非訟事件法無準用民事訴訟法關於無管轄權時，法院得裁定移送他法院之規定，導致此類事件，經遭法院駁回，對當事人權益影響甚鉅，爲保障人民權益，避免關係人重複繳納費用及求程序經濟，非訟事件法第5條規定移送訴訟之準用，即民事訴訟法第28條第1項及第29條至第31條規定，除別有規定外，其於非訟事件準用之。換言之，聲請本票裁定之全部或一部，法院認無管轄權者，得依執票人之聲請或依職權以裁定移送其管轄法院（民事訴訟法第28條第1項）。例如，執票人將數張本票合併，其於同一事件提起聲請裁定，法院僅得就有管轄權之部分，作成本票裁定准許強制執行，就無管轄權之部分本票，依聲請或職權以裁定移送至其管轄法院。

二、移送管轄之抗告

　　移送訴訟之聲請被駁回者，不得聲明不服（民事訴訟法第28條第3項）。依據反面解釋，依聲請人聲請或依職權以裁定移送管轄法院，當事人對此移送管轄之裁定，得爲抗告。準此，法院以職權裁定移送管轄法院，非訟事件之聲請人與相對人均得對之提起抗告，故裁定應同列聲請人與相對人，並將裁定送達當事人。

三、發票人之住址與聲請狀所載之住址不同

　　發票人之住址與聲請狀所載之住址雖不同，惟均屬同一法院管轄，聲請人提出證明以證明爲同一人，法院應准許本票強制執行之裁定。例如，甲以所執乙爲發票人之本票向臺灣臺中地方法院聲請准予強制執行之裁定。依據該本票之記載，乙係住居於臺中市北屯區。而聲請狀所載乙之住所爲同一法院管轄之臺中市太平區，甲已有提出證據證明住居臺中市北屯區之乙，係居住在臺中市太平區之乙。因聲請裁定准許本票強制執行，係屬非訟事件，法院毋庸審查其實體關係。本票所記載之發票人乙之住址，其與聲請狀所載乙之住址雖不相同，惟均屬同一

管轄區域內，倘聲請人甲已提出證據，證明其所指之乙係同一人，法院即應准許其聲請。反之，居住於臺中市太平區之乙，主張其非本票之發票人及實體上之問題，應另行起訴謀求解決[46]。倘乙以該等實體上之事由，對本票准予強制執行之裁定提起抗告，抗告法院應以抗告無理由，駁回抗告。

參、本票裁定之抗告

非訟事件裁定，除依法不得抗告者外，因裁定而權利受侵害者得為抗告（非訟事件法第41條第1項）。所謂因裁定而權利受侵害之人，係指因裁定而其權利直接受侵害者而言。是本票執票人，依票據法第123條規定，聲請法院裁定許可對發票人強制執行，發票人係其權利直接受侵害之人。至發票人之其他債權人，縱因執票人執許可強制執行之本票裁定，對發票人為強制執行，或參與分配，其他債權人並非權利直接受侵害之人，其無權利提起抗告[47]。

肆、本票裁定之再抗告（98司法事務官）

一、適用法規顯有錯誤

抗告法院之裁定，以抗告不合法而駁回者，不得再為抗告但得向原法院提出異議，並準用民事訴訟法第484條第2項、第3項規定。除前開之情形外，對於抗告法院之裁定再為抗告，僅得以其適用法規顯有錯誤為理由（非訟事件法第45條）。所謂適用法規顯有錯誤，係指確定裁判違背法規。至於抗告法院認定事實錯誤，或就當事人提出之事實或證據疏於調查或漏未斟酌，僅生調查證據是否妥適或不備理由問題，均與適用法規顯有錯誤有間。所謂原則上之重要性者，係指該再抗告事件所涉及之法律問題，意義重大而有加以闡釋之必要者[48]。

---

[46] 司法院1987年1月5日(76)廳民一字第1773號函。

[47] 最高法院88年度台抗字第428號民事裁定。臺灣高等法院暨所屬法院94年度法律座談會民事類提案第15號討論意見及審查意見，均認為時效抗辯為實體法上之爭執。

[48] 最高法院63年台上字第880號、71年台再字第210號民事判決。

二、管轄法院

　　最高法院認爲非訟事件法第45條雖未明定再抗告之法院，然參照同法第55條第3項規定，本票裁定或拍賣抵押物裁定之再抗告法院，應爲直接上級法院，其管轄法院爲高等法院或其分院[49]。

伍、停止強制執行

　　法院裁定本票准許強制執行，發票人對許可強制執行之裁定提起抗告程序中，法院因必要情形或依聲請定相當並確實之擔保，得裁定停止強制執行（強制執行法第18條第2項）。倘本票經法院裁定准許強制執行後，發票人基於本票債權不存在之原因，提起確認本票債權不存在訴訟者，依舉輕明重之法理，自應許其提供擔保，停止強制執行，以避免發票人發生不能回復之損害[50]。

陸、案例解析

一、案例3解析 —— 無管轄權之處理

（一）管轄法院

　　乙簽發之本票未記載付款地及發票地，依票據法第120條第4項、第5項規定，以發票人之營業所、住所或居所爲付款地，執票人就本票聲請法院裁定強制執行事件，由付款地之法院管轄（非訟事件法第194條第1項）。準此，發票人乙住所在臺中市，臺灣臺中地方法院爲管轄法院。

（二）移送管轄法院

　　非訟事件法第5條規定，民事訴訟法第28條第1項及第29條至第31條規定，除別有規定外，非訟事件準用之。換言之，聲請本票裁定之全部或一部，法院認無管轄權者，得依執票人之聲請或依職權以裁定移送其管轄法院（民事訴訟法第28條第1項）。

---

[49] 最高法院94年度第8次民事庭會議。
[50] 最高法院94年度台簡抗字第15號民事裁定。

二、案例4解析──本票約定違約金

因違約金約定非屬票據法規定之法定事項,不生效力(票據法第12條、第120條)。執票人不得就違約金之部分聲請強制執行,法院應予駁回。法院就本票面額及利息部分之聲請,核與票據法第123條規定相符,應予准許。

三、案例5解析──本票分期付款

本票得分期付款,分期付款之本票,其中任何一期,到期不獲付款時,未到期部分,視為全部到期(票據法第65條第2項、第124條)。因乙未按期給付票款,應視為未到期之票款已全部到期,是甲向法院聲請就該本票准許強制執行,法院所為裁定主文應諭知:相對人於2021年1月1日簽發之本票內載憑票交付聲請人之新臺幣100萬元,其中新臺幣70萬元及自2019年4月15日起至清償日止,按年息6%計算之利息,准予強制執行。

四、案例6解析──本票分期付款

所謂本票者,係指發票人簽發一定之金額,於指定之到期日,由自己無條件支付與受款人或執票人之票據(票據法第3條)。本件本票到期日為2021年2月1日,執票人甲於期前提示雖未獲兌現,然到期日尚未屆至,本票發票人乙自無於期前給付票款之義務,執票人甲自不得據以聲請裁定強制執行,法院應駁回其聲請。

五、案例7解析──本票執票人未表明提示日

(一)本票經提示後始能行使追索權

執票人向本票發票人行使追索權時,得聲請法院裁定後強制執行(票據法第123條)。所謂票據權利之行使,係指票據權利人向票據債務人提示票據,請求其履行票據債務所為之行為。所謂提示者,係指現實向債務人出示票據。同法第85條第1項規定,匯票到期不獲付款時,執票人於行使或保全匯票上權利之行為後,對於背書人、發票人及匯票上其他債務人得行使追索權。上開規定依同法第124條規定於本票

準用之。而同法第120條第2項規定，本票未載到期日者，視爲見票即付。同法第124條亦準用第95條規定。準此，本票雖有免除作成拒絕證書之記載，執票人仍應於所定期限內，爲付款之提示。

（二）先命補正提示日

依據執票人甲所提出之本票並未記載到期日，其聲請狀復未表明何時提示，因本票未載到期日者，視爲見票即付，是未載到期日之本票，應提示未獲付款後，始得行使追索權。準此本院應先命執票人甲於一定期間，陳報提示日，倘聲請人逾期迄未補正，其聲請難認爲合法，應予駁回。

六、案例8解析——管轄權之認定

（一）票據債務之成立始點

本票發票人票據債務之成立，應以發票人交付本票於受款人完成發票行爲之時日爲準，其付款地及發票地自亦於此時確定（票據法第128條第2項）。至於本票所載到期日期，僅係行使票據債權之限制，不能認係票據債務成立之時期[51]。

（二）管轄法院之認定

執票人向本票發票人行使追索權時，而聲請法院裁定強制執行（票據法第123條）。應由票據付款地之法院管轄，此爲專屬管轄法院（非訟事件法第194條第1項）。所謂付款地，係指發票人完成發票行爲時之付款地。倘未載付款地及發票地，則以發票人之營業所、住所或居所地之法院管轄（票據法第120條第4項、第5項）。

（三）發票人原住所之所在地法院管轄

甲簽發未載付款地及發票地之本票一紙交付乙後，甲由臺中市遷居至高雄市前鎮區，乙因不獲付款聲請法院裁定強制執行，仍應由臺灣臺中地方法院管轄。職是，本票發票人於交付本票與執票人後，雖遷移住居處所，然到期不獲付款，執票人應向發票人原住所所在地之法院，行使追索權。

---

[51] 最高法院67年度第6次民事庭庭推總會議決議（二）。

七、案例9解析——本票記載非票據法之事項不生效力

在票據上簽名者，依票上所載文義負責。二人以上共同簽名時，應連帶負責（票據法第5條）。而票據上記載本法所不規定之事項，不生票據上之效力（票據法第12條）。準此，甲、乙共同於本票發票人欄簽名，依據票據之文義性，應負發票人責任。至於乙於其姓名旁另書見證人之字樣，非票據法所規定之事項，自不生票據上之效力。職是，法院應裁定准許對甲、乙強制執行[52]。

八、案例10解析——法條適用

民事訴訟法第95條之以裁定終結本案，係指訴訟事件而言。至法院以裁定准許本票執票人對發票人強制執行，係非訟事件，並無民事訴訟法第95條之適用，如其相對人僅有一人時，僅引用非訟事件法第21條第2項與民事訴訟法第78條即可。倘相對人有數人時，則需引用非訟事件法第21條第2項、第23條及民事訴訟法第85條第2項[53]。

九、案例11解析——發票機關與授權發票

（一）會首僅為填寫日期之機關

所謂空白授權票據，係指票據應記載事項有欠缺，發票人授權他人於日後補充完成之未完成票據。依案例11所示，甲於得標後簽名，交予會首丙之發票日、到期日均為空白之本票，係依民間互助會之慣行，以算至完會為止之期數，為本票之張數，以每會期甲應繳納之死會會款為票據金額時，則甲對執票人乙提起確認本票債權不存在之訴，是否有理由，應視以下情形而定。

1. 會首依據會員之意思完成發票行為

該等未填日期之本票，在會首與會員間，均有以每一會期為到期日，每一會期由會首填寫一張交付該期得標會員之合意。故會員甲已自決定本票之有關日期，而囑託會首丙每期照填一張，以完成發票行為，

---

[52] 最高法院53年台上字第1930號民事判決。
[53] 司法院1988年4月29日(77)廳民一字第540號函。

甲係以丙為其填寫票據日期之機關，並非授權丙，使其自行決定效果意思，代為票據行為而直接對甲發生效力，自與空白授權票據之授權不同。準此，甲以丙未經合法授權，無權完成發票行為之主張，為無理由。

2. 是否善意取得

因丙為甲填寫票據日期之機關，其填寫票據日期後轉讓與乙，並不生轉讓無效之問題，乙能否享有票據上之權利，應視乙是否以惡意或重大過失取得本票為斷（票據法第14條第1項）。準此，倘乙無惡意或重大過失取得本票，甲提起對乙確認本票債權不存在之訴，為無理由。

（二）會首基於會員之授權

會員甲於得標後，簽名交予會首丙之本票日期、張數及金額，均與前開所示相同，而與丙特別約定，須於甲收取全部應得會金後，會首丙始可按期補充填寫每張本票之日期而交付與在後得標之會員。準此，甲對執票人乙提起確認本票債權不存在之訴，是否有理由，應適用票據法第11條第2項規定。故丙之補充記載本票之日期，係基於甲之空白授權票據之授權行為，倘乙係善意取得外觀無欠缺之本票者，甲不得以其與丙間授權原因，對乙主張本票無效[54]。

十、案例12解析——形式審查主義

（一）時效抗辯為本票之實質要件

本票執票人依票據法第123條規定，聲請法院裁定許可對發票人強制執行，係屬非訟事件，此項聲請之裁定及抗告法院之裁定，僅依非訟事件程序，以審查強制執行許可與否，並無確定實體上法律關係存否之效力。本票發票人所提之時效抗辯，本文認屬實體法律關係存否之抗辯，非訟事件適用形式審查主義，抗告法院於非訟程序中，自不得審

---

[54] 最高法院70年度第18次民事庭會議決議（一）。臺灣高等法院暨所屬法院71年度法律座談會民事類提案第44號。司法院第一廳1983年1月29日(72)廳民三字第0078號函。

酌，應裁定駁回[55]。

（二）時效抗辯為本票之形式要件

倘抗告法院認為時效抗辯為本票之形式要件，因本票自發票日起3年間不行使，因時效而消滅（票據法第22條第1項）。依本題題意，乙據以聲請裁定准許強制執行之本票，到期日為2018年1月1日，並免除作成拒絕證書，乙遲至2021年2月20日始持本票，向地方法院聲請裁定准予強制執行，雖經法院裁定准許後，惟其請求權之行使，顯逾法定3年時效期間之規定。甲已為時效之抗辯，則抗告法院自應就此時效抗辯之有無理由為審查，以確定乙據以聲請本票裁定准予強制執行之形式要件是否具備，倘本票票款請求權已罹於時效，抗告為有理由，抗告法院應廢棄原裁定，駁回本票強制執行之聲請（非訟事件法第44條；民事訴訟法第492條）。準此，涉及追索權之行使，屬形式要件，法院於非訟程序中自應審查[56]。

十一、案例13解析——本票裁定之相對人

商號為發票行為而於本票發票人欄上蓋章者，實際上係由商號負責人或其代理人為之，故該商號及負責人為同一權利主體，就簽發之本票負發票人責任。準此，商號之負責人嗣後變更為他人，為另一權利主體，商號之前後主體不同，自不應由後一主體負票據責任。故執票人以非發票時之負責人為相對人而聲請本票裁定，法院應駁回之。

---

[55] 最高法院83年度台抗字第227號民事裁定。臺灣高等法院暨所屬法院94年法律座談會民事類提案第15號、臺灣高等法院暨所屬法院99年度法律座談會民事類提案第14號，均認為時效抗辯為實體法上之爭執。
[56] 最高法院94年度台抗字第308號民事裁定。

習題

一、票據訴訟管轄法院如何認定？請說明單一被告與多數被告之區別。

提示：民事訴訟法第1條第1項前段、第13條、第20條至第22條；票據法第120條。

二、票據原因關係不存在或票據之抗辯事由，應由執票人或票據債務人負舉證責任？

提示：民事訴訟法第277條；票據法第13條、第14條。

三、本票裁定之抗告與再抗告法院，如何認定管轄法院？提起再抗告之要件為何？

提示：非訟事件法第41條第1項、第45條、第55條第3項。

參考文獻

BIBLIOGRAPHY

王文宇、林國全、王志誠、許忠信、汪信君，商事法，元照出版有限公司，2004年6月。

王通顯、阮祺祥、吳錦墀、游鉦添著，實用商事法，華立圖書股份有限公司，2004年9月，4版1刷。

王文宇、林育廷，票據法與支付工具規範，元照出版有限公司，2008年3月。

王志誠，票據法，元照出版有限公司，2008年9月，3版1刷。

林洲富，民法—案例式，五南圖書出版股份有限公司，2020年9月，8版1刷。

林洲富，實用非訟事件法，五南圖書出版股份有限公司，2021年6月，13版1刷。

林洲富，實用強制執行法精義，五南圖書出版股份有限公司，2020年9月，15版1刷。

林洲富，商事法實例解析，五南圖書出版股份有限公司，2021年7月，12版1刷

梁宇賢，票據法實例解說，三民書局股份有限公司，1992年2月，增訂4版。

曾世雄、曾陳明汝、曾宛如，票據法論，元照出版有限公司，2005年9月，3版1刷。

潘維大，票據法，三民書局股份有限公司，2003年3月，初版2刷。

潘秀菊、劉承愚、蔡淑娟、陳龍昇，商事法—公司法、票據法，元照出版有限公司，2004年10月，初版2刷。

賴源河，實用商事法精義，五南圖書出版股份有限公司，2015年9月，12版1刷。

附錄一　票據法

民國76年6月29日總統令公布

第一章　通　則

第1條
本法所稱票據，為匯票、本票及支票。

第2條
稱匯票者，謂發票人簽發一定之金額，委託付款人於指定之到期日，無條件支付與受款人或執票人之票據。

第3條
稱本票者，謂發票人簽發一定之金額，於指定之到期日，由自己無條件支付與受款人或執票人之票據。

第4條
稱支票者，謂發票人簽發一定之金額，委託金融業者於見票時，無條件支付與受款人或執票人之票據。

前項所稱金融業者，係指經財政部核准辦理支票存款業務之銀行、信用合作社、農會及漁會。

第5條
在票據上簽名者，依票上所載文義負責。

二人以上共同簽名時，應連帶負責。

第6條
票據上之簽名，得以蓋章代之。

第7條
票據上記載金額之文字與號碼不符時，以文字為準。

第8條
票據上雖有無行為能力人或限制行為能力人之簽名，不影響其他簽名之效力。

第9條

代理人未載明爲本人代理之旨而簽名於票據者，應自負票據上之責任。

第10條

無代理權而以代理人名義簽名於票據者，應自負票據上之責任。

代理人逾越權限時，就其權限外之部分，亦應自負票據上之責任。

第11條

欠缺本法所規定票據上應記載事項之一者，其票據無效。但本法別有規定者，不在此限。

執票人善意取得已具備本法規定應記載事項之票據者，得依票據文義行使權利；票據債務人不得以票據原係欠缺應記載事項爲理由，對於執票人，主張票據無效。

票據上之記載，除金額外，得由原記載人於交付前改寫之。但應於改寫處簽名。

第12條

票據上記載本法所不規定之事項者，不生票據上之效力。

第13條

票據債務人，不得以自己與發票人或執票人之前手間所存抗辯之事由，對抗執票人。但執票人取得票據出於惡意者，不在此限。

第14條

以惡意或有重大過失取得票據者，不得享有票據上之權利。

無對價或以不相當之對價取得票據者，不得享有優於其前手之權利。

第15條

票據之僞造或票上簽名之僞造，不影響於眞正簽名之效力。

第16條

票據經變造時，簽名在變造前者，依原有文義負責；簽名在變造後者，依變造文義負責；不能辨別前後時，推定簽名在變造前。

前項票據變造，其參與或同意變造者，不論簽名在變造前後，均依變造文義負責。

第17條

票據上之簽名或記載被塗銷時，非由票據權利人故意爲之者，不影響於票據

上之效力。

第18條

票據喪失時，票據權利人得為止付之通知。但應於提出止付通知後五日內，向付款人提出已為聲請公示催告之證明。

未依前項但書規定辦理者，止付通知失其效力。

第19條

票據喪失時，票據權利人得為公示催告之聲請。

公示催告程序開始後，其經到期之票據，聲請人得提供擔保，請求票據金額之支付；不能提供擔保時，得請求將票據金額依法提存。其尚未到期之票據，聲請人得提供擔保，請求給與新票據。

第20條

為行使或保全票據上權利，對於票據關係人應為之行為，應在票據上指定之處所為之；無指定之處所者，在其營業所為之；無營業所者，在其住所或居所為之。票據關係人之營業所、住所或居所不明時，因作成拒絕證書，得請求法院公證處、商會或其他公共會所，調查其人之所在；若仍不明時，得在該法院公證處、商會或其他公共會所作成之。

第21條

為行使或保全票據上權利，對於票據關係人應為之行為，應於其營業日之營業時間內為之；如其無特定營業日或未訂有營業時間者，應於通常營業日之營業時間內為之。

第22條

票據上之權利，對匯票承兌人及本票發票人，自到期日起算；見票即付之本票，自發票日起算，三年間不行使，因時效而消滅。對支票發票人自發票日起算，一年間不行使，因時效而消滅。

匯票、本票之執票人，對前手之追索權，自作成拒絕證書日起算，一年間不行使，因時效而消滅。支票之執票人，對前手之追索權，四個月間不行使，因時效而消滅。其免除作成拒絕證書者：匯票、本票自到期日起算；支票自提示日起算。

匯票、本票之背書人，對於前手之追索權，自為清償之日或被訴之日起算，六個月間不行使，因時效而消滅。支票之背書人，對前手之追索權，二個月

間不行使，因時效而消滅。

票據上之債權，雖依本法因時效或手續之欠缺而消滅，執票人對於發票人或承兌人，於其所受利益之限度，得請求償還。

第23條

票據餘白不敷記載時，得黏單延長之。

黏單後第一記載人，應於騎縫上簽名。

第二章　匯　票

第一節　發票及款式

第24條

匯票應記載左列事項，由發票人簽名：

一、表明其為匯票之文字。

二、一定之金額。

三、付款人之姓名或商號。

四、受款人之姓名或商號。

五、無條件支付之委託。

六、發票地。

七、發票年、月、日。

八、付款地。

九、到期日。

未載到期日者，視為見票即付。

未載付款人者，以發票人為付款人。

未載受款人者，以執票人為受款人。

未載發票地者，以發票人之營業所、住所或居所所在地為發票地。

未載付款地者，以付款人之營業所、住所或居所所在地為付款地。

第25條

發票人得以自己或付款人為受款人，並得以自己為付款人。

匯票未載受款人者，執票人得於無記名匯票之空白內，記載自己或他人為受款人，變更為記名匯票。

第26條

發票人得於付款人外，記載一人為擔當付款人。

發票人亦得於付款人外，記載在付款地之一人為預備付款人。

第27條

發票人得記載在付款地之付款處所。

第28條

發票人得記載對於票據金額支付利息及其利率。

利率未經載明時，定為年利六釐。

利息自發票日起算。但有特約者，不在此限。

第29條

發票人應照匯票文義擔保承兌及付款。但得依特約免除擔保承兌之責。

前項特約，應載明於匯票。

匯票上有免除擔保付款之記載者，其記載無效。

第二節　背　書

第30條

匯票依背書及交付而轉讓。無記名匯票得僅依交付轉讓之。

記名匯票發票人有禁止轉讓之記載者，不得轉讓。

背書人於匯票上記載禁止轉讓者，仍得依背書而轉讓之。但禁止轉讓者，對於禁止後再由背書取得匯票之人，不負責任。

第31條

背書由背書人在匯票之背面或其黏單上為之。

背書人記載被背書人，並簽名於匯票者，為記名背書。

背書人不記載被背書人，僅簽名於匯票者，為空白背書。

前兩項之背書，背書人得記載背書之年、月、日。

第32條

空白背書之匯票，得依匯票之交付轉讓之。

前項匯票，亦得以空白背書或記名背書轉讓之。

第33條

匯票之最後背書為空白背書者，執票人得於該空白內，記載自己或他人為被

背書人，變更爲記名背書，再爲轉讓。

第34條

匯票得讓與發票人、承兌人、付款人或其他票據債務人。

前項受讓人，於匯票到期日前，得再爲轉讓。

第35條

背書人得記載在付款地之一人爲預備付款人。

第36條

就匯票金額之一部分所爲之背書，或將匯票金額分別轉讓於數人之背書，不生效力。背書附記條件者，其條件視爲無記載。

第37條

執票人應以背書之連續，證明其權利。但背書中有空白背書時，其次之背書人，視爲前空白背書之被背書人。

塗銷之背書，不影響背書之連續者，對於背書之連續，視爲無記載。

塗銷之背書，影響背書之連續者，對於背書之連續，視爲未塗銷。

第38條

執票人故意塗銷背書者，其被塗銷之背書人，及其被塗銷背書人名次之後而於未塗銷以前爲背書者，均免其責任。

第39條

第二十九條之規定，於背書人準用之。

第40條

執票人以委任取款之目的而爲背書時，應於匯票上記載之。

前項被背書人，得行使匯票上一切權利，並得以同一目的更爲背書。

其次之被背書人所得行使之權利，與第一被背書人同。

票據債務人，對於受任人所得提出之抗辯，以得對抗委任人者爲限。

第41條

到期日後之背書，僅有通常債權轉讓之效力。

背書未記明日期者，推定其作成於到期日前。

第三節　承　兌

第42條

執票人於匯票到期日前,得向付款人爲承兌之提示。

第43條

承兌應在匯票正面記載承兌字樣,由付款人簽名。付款人僅在票面簽名者,視爲承兌。

第44條

除見票即付之匯票外,發票人或背書人,得在匯票上爲應請求承兌之記載,並得指定其期限。

發票人得爲於一定日期前,禁止請求承兌之記載。

背書人所定應請求承兌之期限,不得在發票人所定禁止期限之內。

第45條

見票後定期付款之匯票,應自發票日起六個月內爲承兌之提示。

前項期限,發票人得以特約縮短或延長之。但延長之期限,不得逾六個月。

第46條

見票後定期付款之匯票,或指定請求承兌期限之匯票,應由付款人在承兌時,記載其日期。

承兌日期未經記載時,承兌仍屬有效。但執票人得請作成拒絕證書,證明承兌日期;未作成拒絕證書者,以前條所許或發票人指定之承兌期限之末日爲承兌日。

第47條

付款人承兌時,經執票人之同意,得就匯票金額之一部分爲之。但執票人應將事由通知其前手。

承兌附條件者,視爲承兌之拒絕。但承兌人仍依所附條件負其責任。

第48條

付款人於執票人請求承兌時,得請其延期爲之。但以三日爲限。

第49條

付款人於承兌時,得指定擔當付款人。

發票人已指定擔當付款人者,付款人於承兌時,得塗銷或變更之。

第50條

付款人於承兌時，得於匯票上記載付款地之付款處所。

第51條

付款人雖在匯票上簽名承兌，未將匯票交還執票人以前，仍得撤銷其承兌。但已向執票人或匯票簽名人以書面通知承兌者，不在此限。

第52條

付款人於承兌後，應負付款之責。

承兌人到期不付款者，執票人雖係原發票人，亦得就第九十七條及第九十八條所定之金額，直接請求支付。

第四節　參加承兌

第53條

執票人於到期日前得行使追索權時，匯票上指定有預備付款人者，得請求其為參加承兌。

除預備付款人與票據債務人外，不問何人，經執票人同意，得以票據債務人中之一人為被參加人，而為參加承兌。

第54條

參加承兌，應在匯票正面記載左列各款，由參加承兌人簽名：

一、參加承兌之意旨。

二、被參加人姓名。

三、年、月、日。

未記載被參加人者，視為為發票人參加承兌。

預備付款人為參加承兌時，以指定預備付款人之人為被參加人。

第55條

參加人非受被參加人之委託而為參加者，應於參加後四日內，將參加事由通知被參加人。

參加人怠於為前項通知因而發生損害時，應負賠償之責。

第56條

執票人允許參加承兌後，不得於到期日前行使追索權。

被參加人及其前手，仍得於參加承兌後，向執票人支付第九十七條所定金

額，請其交出匯票及拒絕證書。

第57條

付款人或擔當付款人，不於第六十九條及第七十條所定期限內付款時，參加承兌人應負支付第九十七條所定金額之責。

第五節　保　證

第58條

匯票之債務，得由保證人保證之。

前項保證人，除票據債務人外，不問何人，均得為之。

第59條

保證應在匯票或其謄本上記載左列各款，由保證人簽名：

一、保證人之意旨。

二、被保證人姓名。

三、年、月、日。

保證未載明年、月、日者，以發票年、月、日為年、月、日。

第60條

保證未載明被保證人者，視為為承兌人保證；其未經承兌者，視為為發票人保證。但得推知其為何人保證者，不在此限。

第61條

保證人與被保證人負同一責任。

被保證人之債務縱為無效，保證人仍負擔其義務。但被保證人之債務，因方式之欠缺而為無效者，不在此限。

第62條

二人以上為保證時，均應連帶負責。

第63條

保證得就匯票金額之一部分為之。

第64條

保證人清償債務後，得行使執票人對承兌人、被保證人及其前手之追索權。

第六節　到期日

第65條

匯票之到期日，應依左列各式之一定之：

一、定日付款。

二、發票日後定期付款。

三、見票即付。

四、見票後定期付款。

分期付款之匯票，其中任何一期，到期不獲付款時，未到期部分，視為全部到期。

前項視為到期之匯票金額中所含未到期之利息，於清償時，應扣減之。

利息經約定於匯票到期日前分期付款者，任何一期利息到期不獲付款時，全部匯票金額視為均已到期。

第66條

見票即付之匯票，以提示日為到期日。

第四十五條之規定，於前項提示準用之。

第67條

見票後定期付款之匯票，依承兌日或拒絕承兌證書作成日，計算到期日。

匯票經拒絕承兌而未作成拒絕承兌證書者，依第四十五條所規定承兌提示期限之末日，計算到期日。

第68條

發票日後或見票日後一個月或數個月付款之匯票，以在應付款之月與該日期相當之日為到期日；無相當日者，以該月末日為到期日。

發票日後或見票日後一個月半或數個月半付款之匯票，應依前項規定，計算全月後加十五日，以其末日為到期日。

票上僅載月初、月中、月底者，謂月之一日、十五日、末日。

第七節　付　款

第69條

執票人應於到期日或其後二日內，為付款之提示。

匯票上載有擔當付款人者，其付款之提示，應向擔當付款人為之。

為交換票據向票據交換所提示者，與付款之提示，有同一效力。

第70條

付款經執票人之同意，得延期為之。但以提示後三日為限。

第71條

付款人對於背書不連續之匯票而付款者，應自負其責。

付款人對於背書簽名之眞僞，及執票人是否票據權利人，不負認定之責。但有惡意或重大過失時，不在此限。

第72條

到期日前之付款，執票人得拒絕之。

付款人於到期日前付款者，應自負其責。

第73條

一部分之付款，執票人不得拒絕。

第74條

付款人付款時，得要求執票人記載收訖字樣簽名為證，並交出匯票。

付款人為一部分之付款時，得要求執票人在票上記載所收金額，並另給收據。

第75條

表示匯票金額之貨幣，如為付款地不通用者，得依付款日行市，以付款地通用之貨幣支付之。但有特約者，不在此限。

表示匯票金額之貨幣，如在發票地與付款地名同價異者，推定其為付款地之貨幣。

第76條

執票人在第六十九條所定期限內，不為付款之提示時，票據債務人得將匯票金額依法提存；其提存費用，由執票人負擔之。

第八節　參加付款

第77條

參加付款，應於執票人得行使追索權時為之。但至遲不得逾拒絕證明作成期限之末日。

第78條

參加付款，不問何人，均得爲之。

執票人拒絕參加付款者，對於被參加人及其後手喪失追索權。

第79條

付款人或擔當付款人，不於第六十九條及第七十條所定期限內付款者，有參加承兌人時，執票人應向參加承兌人爲付款之提示；無參加承兌人而有預備付款人時，應向預備付款人爲付款之提示。

參加承兌人或預備付款人，不於付款提示時爲清償者，執票人應請作成拒絕付款證書之機關，於拒絕證書上載明之。

執票人違反前二項規定時，對於被參加人與指定預備付款人之人及其後手，喪失追索權。

第80條

請爲參加付款者有數人時，其能免除最多數之債務者，有優先權。

故意違反前項規定爲參加付款者，對於因之未能免除債務之人，喪失追索權。

能免除最多數之債務者有數人時，應由受被參加人之委託者或預備付款人參加之。

第81條

參加付款，應就被參加人應支付金額之全部爲之。

第82條

參加付款，應於拒絕付款證書內記載之。

參加承兌人付款，以被參加承兌人爲被參加付款人。預備付款人付款，以指定預備付款人之人爲被參加付款人。

無參加承兌人或預備付款人，而匯票上未記載被參加付款人者，以發票人爲被參加付款人。

第五十五條之規定，於參加付款準用之。

第83條

參加付款後，執票人應將匯票及收款清單交付參加付款人，有拒絕證書者，應一併交付之。

違反前項之規定者，對於參加付款人，應負損害賠償之責。

第84條

參加付款人，對於承兌人、被參加付款人及其前手，取得執票人之權利。但不得以背書更爲轉讓。

被參加付款人之後手，因參加付款而免除債務。

第九節　追索權

第85條

匯票到期不獲付款時，執票人於行使或保全匯票上權利之行爲後，對於背書人、發票人及匯票上其他債務人，得行使追索權。

有左列情形之一者，雖在到期日前，執票人亦得行使前項權利：

一、匯票不獲承兌時。

二、付款人或承兌人死亡、逃避或其他原因，無從爲承兌或付款提示時。

三、付款人或承兌人受破產宣告時。

第86條

匯票全部或一部不獲承兌或付款或無從爲承兌或付款提示時，執票人應請求作成拒絕證書證明之。

付款人或承兌人在匯票上記載提示日期，及全部或一部承兌或付款之拒絕，經其簽名後，與作成拒絕證書有同一效力。

付款人或承兌人之破產，以宣告破產裁定之正本或節本證明之。

第87條

拒絕承兌證書，應於提示承兌期限內作成之。

拒絕付款證書，應以拒絕付款日或其後五日內作成之。但執票人允許延期付款時，應於延期之末日，或其後五日內作成之。

第88條

拒絕承兌證書作成後，無須再爲付款提示，亦無須再請求作成付款拒絕證書。

第89條

執票人應於拒絕證書作成後四日內，對於背書人、發票人及其他匯票上債務人，將拒絕事由通知之。

如有特約免除作成拒絕證書者，執票人應於拒絕承兌或拒絕付款後四日內，

為前項之通知。

背書人應於收到前項通知後四日內，通知其前手。

背書人未於票據上記載住所或記載不明時，其通知對背書人之前手為之。

第90條

發票人、背書人及匯票上其他債務人，得於第八十九條所定通知期限前，免除執票人通知之義務。

第91條

通知得用任何方法為之。但主張於第八十九條所定期限內曾為通知者，應負舉證之責。

付郵遞送之通知，如封面所記被通知人之住所無誤，視為已經通知。

第92條

因不可抗力，不能於第八十九條所定期限內將通知發出者，應於障礙中止後四日內行之。

證明於第八十九條所定期間內已將通知發出者，認為遵守通知期限。

第93條

不於第八十九條所定期限內為通知者，仍得行使追索權。但因其怠於通知發生損害時，應負賠償之責；其賠償金額，不得超過匯票金額。

第94條

發票人或背書人，得為免除作成拒絕證書之記載。

發票人為前項記載時，執票人得不請求作成拒絕證書，而行使追索權。但執票人仍請求作成拒絕證書時，應自負擔其費用。

背書人為第一項記載時，僅對於該背書人發生效力。執票人作成拒絕證書者，得向匯票上其他簽名人要求償還其費用。

第95條

匯票上雖有免除作成拒絕證書之記載，執票人仍應於所定期限內為承兌或付款之提示。但對於執票人主張未為提示者，應負舉證之責。

第96條

發票人、承兌人、背書人及其他票據債務人，對於執票人連帶負責。

執票人得不依負擔債務之先後，對於前項債務人之一人或數人或全體行使追索權。

執票人對於債務人之一人或數人已為追索者，對於其他票據債務人，仍得行使追索權。

被追索者已為清償時，與執票人有同一權利。

第97條

執票人向匯票債務人行使追索權時，得要求左列金額：

一、被拒絕承兌或付款之匯票金額，如有約定利息者，其利息。

二、自到期日起如無約定利率者，依年利六釐計算之利息。

三、作成拒絕證書與通知及其他必要費用。

於到期日前付款者，自付款日至到期日前之利息，應由匯票金額內扣除。無約定利率者，依年利六釐計算。

第98條

為第九十七條之清償者，得向承兌人或前手要求左列金額：

一、所支付之總金額。

二、前款金額之利息。

三、所支出之必要費用。

發票人為第九十七條之清償者，向承兌人要求之金額同。

第99條

執票人為發票人時，對其前手無追索權。

執票人為背書人時，對該背書之後手無追索權。

第100條

匯票債務人為清償時，執票人應交出匯票。有拒絕證書時，應一併交出。

匯票債務人為前項清償，如有利息及費用者，執票人應出具收據及償還計算書。

背書人為清償時，得塗銷自己及其後手之背書。

第101條

匯票金額一部分獲承兌時，清償未獲承兌部分之人，得要求執票人在匯票上記載其事由，另行出具收據，並交出匯票之謄本及拒絕承兌證書。

第102條

有追索權者，得以發票人或前背書人之一人或其他票據債務人為付款人，向其住所所在地發見票即付之匯票。但有相反約定時，不在此限。

前項匯票之金額，於第九十七條及第九十八條所列者外，得加經紀費及印花稅。

第103條

執票人依第一百零二條之規定發匯票時，其金額依原匯票付款地匯往前手所在地之見票即付匯票之市價定之。

背書人依第一百零二條之規定發匯票時，其金額依其所在地匯往前手所在地之見票即付匯票之市價定之。

前二項市價，以發票日之市價為準。

第104條

執票人不於本法所定期限內為行使或保全匯票上權利之行為者，對於前手喪失追索權。

執票人不於約定期限內為前項行為者，對於該約定之前手喪失追索權。

第105條

執票人因不可抗力之事變，不能於所定期限內為承兌或付款之提示，應將其事由從速通知發票人、背書人及其他票據債務人。

第八十九條至第九十三條之規定，於前項通知準用之。

不可抗力之事變終止後，執票人應即對付款人提示。

如事變延至到期日後三十日以外時，執票人得逕行使追索權，無須提示或作成拒絕證書。

匯票為見票即付或見票後定期付款者，前項三十日之期限，自執票人通知其前手之日起算。

第十節　拒絕證書

第106條

拒絕證書，由執票人請求拒絕承兌地或拒絕付款地之法院公證處、商會或銀行公會作成之。

第107條

拒絕證書，應記載左列各款，由作成人簽名，並蓋作成機關之印章：

一、拒絕者及被拒絕者之姓名或商號。

二、對於拒絕者，雖為請求未得允許之意旨，或不能會晤拒絕者之事由，或

其營業所、住所或居所不明之情形。

三、爲前款請求，或不能爲前款請求之地及其年、月、日。

四、於法定處所外作成拒絕證書時，當事人之合意。

五、有參加承兌時或參加付款時，參加之種類及參加人，並被參加人之姓名或商號。

六、拒絕證書作成之處所及其年、月、日。

第108條

付款拒絕證書，應在匯票或其黏單上作成之。

匯票有複本或謄本者，於提示時，僅須在複本之一份或原本或其黏單上作成之。但可能時，應在其他複本之各份或謄本上記載已作拒絕證書之事由。

第109條

付款拒絕證書以外之拒絕證書，應照匯票或其謄本作成抄本，在該抄本或其黏單上作成之。

第110條

執票人以匯票之原本請求承兌或付款而被拒絕，並未經返還原本時，其拒絕證書，應在謄本或其黏單上作成之。

第111條

拒絕證書應接續匯票上、複本上或謄本上原有之最後記載作成之。

在黏單上作成者，並應於騎縫處簽名。

第112條

對數人行使追索權時，祇須作成拒絕證書一份。

第113條

拒絕證書作成人，應將證書原本交付執票人，並就證書全文另作抄本存於事務所，以備原本滅失時之用。

抄本與原本有同一效力。

第十一節　複　本

第114條

匯票之受款人，得自負擔其費用，請求發票人發行複本。但受款人以外之執票人，請求發行複本時，須依次經由其前手請求之，並由其前手在各複本

上，爲同樣之背書。

前項複本，以三份爲限。

第115條

複本應記載同一文句，標明複本字樣，並編列號數。未經標明複本字樣，並編列號數者，視爲獨立之匯票。

第116條

就複本之一付款時，其他複本失其效力。但承兌人對於經其承兌而未收回之複本，應負其責。

背書人將複本分別轉讓於二人以上時，對於經其背書而未收回之複本，應負其責。

將複本各份背書轉讓與同一人者，該背書人爲償還時，得請求執票人交出複本之各份。但執票人已立保證或提供擔保者，不在此限。

第117條

爲提示承兌送出複本之一者，應於其他各份上載明接收人之姓名或商號及住址。

匯票上有前項記載者，執票人得請求接收人交還其所接收之複本。

接收人拒絕交還時，執票人非以拒絕證書證明左列各款事項，不得行使追索權：

一、曾向接收人請求交還此項複本，而未經其交還。

二、以他複本爲承兌或付款之提示，而不獲承兌或付款。

第十二節　謄　本

第118條

執票人有作成匯票謄本之權利。

謄本應標明謄本字樣，謄寫原本上之一切事項，並註明迄於何處爲謄寫部分。

執票人就匯票作成謄本時，應將已作成謄本之旨，記載於原本。

背書及保證，亦得在謄本上爲之，與原本上所爲之背書及保證有同一效力。

第119條

爲提示承兌送出原本者，應於謄本上載明原本接收人之姓名或商號及其住

址。

匯票上有前項記載者，執票人得請求接收人交還原本。

接收人拒絕交還時，執票人非將曾向接收人請求交還原本而未經其交還之事由，以拒絕證書證明，不得行使追索權。

第三章　本　票

第120條

本票應記載左列事項，由發票人簽名：

一、表明其為本票之文字。

二、一定之金額。

三、受款人之姓名或商號。

四、無條件擔任支付。

五、發票地。

六、發票年、月、日。

七、付款地。

八、到期日。

未載到期日者，視為見票即付。

未載受款人者，以執票人為受款人。

未載發票地者，以發票人之營業所、住所或居所所在地為發票地。

未載付款地者，以發票地為付款地。

見票即付，並不記載受款人之本票，其金額須在五百元以上。

第121條

本票發票人所負責任，與匯票承兌人同。

第122條

見票後定期付款之本票，應由執票人向發票人為見票之提示，請其簽名，並記載見票字樣及日期；其提示期限，準用第四十五條之規定。

未載見票日期者，應以所定提示見票期限之末日為見票日。

發票人於提示見票時，拒絕簽名者，執票人應於提示見票期限內，請求作成拒絕證書。

執票人依前項規定，作成見票拒絕證書後，無須再為付款之提示，亦無須再

請求作成付款拒絕證書。

執票人不於第四十五條所定期限內爲見票之提示或作成拒絕證書者，對於發票人以外之前手，喪失追索權。

第123條

執票人向本票發票人行使追索權時，得聲請法院裁定後強制執行。

第124條

第二章第一節第二十五條第二項、第二十六條第一項及第二十八條，關於發票人之規定；第二章第二節關於背書之規定，除第三十五條外；第二章第五節關於保證之規定；第二章第六節關於到期日之規定；第二章第七節關於付款之規定；第二章第八節關於參加付款之規定，除第七十九條及第八十二條第二項外；第二章第九節關於追索權之規定，除第八十七條第一項、第八十八條及第一百零一條外；第二章第十節關於拒絕證書之規定；第二章第十二節關於謄本之規定，除第一百十九條外；均於本票準用之。

第四章　支　票

第125條

支票應記載左列事項，由發票人簽名：

一、表明其爲支票之文字。

二、一定之金額。

三、付款人之商號。

四、受款人之姓名或商號。

五、無條件支付之委託。

六、發票地。

七、發票年、月、日。

八、付款地。

未載受款人者，以執票人爲受款人。

未載發票地者，以發票人之營業所、住所或居所爲發票地。

發票人得以自己或付款人爲受款人，並得以自己爲付款人。

第126條

發票人應照支票文義擔保支票之支付。

第127條

支票之付款人，以第四條所定之金融業者為限。

第128條

支票限於見票即付，有相反之記載者，其記載無效。

支票在票載發票日前，執票人不得為付款之提示。

第129條

以支票轉帳或為抵銷者，視為支票之支付。

第130條

支票之執票人，應於左列期限內，為付款之提示：

一、發票地與付款地在同一省（市）區內者，發票日後七日內。

二、發票地與付款地不在同一省（市）區內者，發票日後十五日內。

三、發票地在國外，付款地在國內者，發票日後二個月內。

第131條

執票人於第一百三十條所定提示期限內，為付款之提示而被拒絕時，對於前手得行使追索權。但應於拒絕付款日或其後五日內，請求作成拒絕證書。

付款人於支票或黏單上記載拒絕文義及其年、月、日並簽名者，與作成拒絕證書，有同一效力。

第132條

執票人不於第一百三十條所定期限內為付款之提示，或不於拒絕付款日或其後五日內請求作成拒絕證書者，對於發票人以外之前手，喪失追索權。

第133條

執票人向支票債務人行使追索權時，得請求自為付款提示日起之利息。如無約定利率者，依年利六釐計算。

第134條

發票人雖於提示期限經過後，對於執票人仍負責任。但執票人怠於提示，致使發票人受損失時，應負賠償之責；其賠償金額，不得超過票面金額。

第135條

發票人於第一百三十條所定期限內，不得撤銷付款之委託。

第136條

付款人於提示期限經過後，仍得付款。但有左列情事之一者，不在此限：

一、發票人撤銷付款之委託時。

二、發行滿一年時。

第137條

付款人於發票人之存款或信用契約所約定之數不敷支付支票金額時，得就一部分支付之。

前項情形，執票人應於支票上記明實收之數目。

第138條

付款人於支票上記載照付或保付或其他同義字樣並簽名後，其付款責任，與匯票承兌人同。

付款人於支票上已為前項之記載時，發票人及背書人免除其責任。

付款人不得為存款額外或信用契約所約定數目以外之保付，違反者應科以罰鍰。但罰鍰不得超過支票金額。

依第一項規定，經付款人保付之支票，不適用第十八條、第一百三十條及第一百三十六條之規定。

第139條

支票經在正面劃平行線二道者，付款人僅得對金融業者支付票據金額。

支票上平行線內記載特定金融業者，付款人僅得對特定金融業者支付票據金額。但該特定金融業者為執票人時，得以其他金融業者為被背書人，背書後委託其取款。

劃平行線支票之執票人，如非金融業者，應將該項支票存入其在金融業者之帳戶，委託其代為取款。

支票上平行線內，記載特定金融業者，應存入其在該特定金融業者之帳戶，委託其代為取款。

劃平行線之支票，得由發票人於平行線內記載照付現款或同義字樣，由發票人簽名或蓋章於其旁，支票上有此記載者，視為平行線之撤銷。但支票經背書轉讓者，不在此限。

第140條

違反第一百三十九條之規定而付款者，應負賠償損害之責。但賠償金額不得超過支票金額。

第141條

發票人無存款餘額又未經付款人允許墊借而簽發支票，經執票人提示不獲支付者，處三年以下有期徒刑、拘役或科或併科該支票面額以下之罰金。

發票人簽發支票時，故意將金額超過其存數或超過付款人允許墊借之金額，經執票人提示不獲支付者，處三年以下有期徒刑、拘役或科或併科該不足金額以下之罰金。

發票人於第一百三十條所定之期限內，故意提回其存款之全部或一部或以其他不正當方法使支票不獲支付者，準用前二項之規定。

前三項情形，移送法院辦法，由中央主管機關定之。

（民國七十五年十二月三十一日施行期限屆滿）

第142條

依前條規定處罰之案件，不適用刑法第五十六條之規定。

（民國七十五年十二月三十一日施行期限屆滿）

第143條

付款人於發票人之存款或信用契約所約定之數，足敷支付支票金額時，應負支付之責。但收到發票人受破產宣告之通知者，不在此限。

第144條

第二章第一節第二十五條第二項關於發票人之規定；第二節關於背書之規定，除第三十五條外；第二章第七節關於付款之規定，除第六十九條第一項、第二項、第七十條、第七十二條、第七十六條外；第二章第九節關於追索權之規定，除第八十五條第二項第一款、第二款、第八十七條、第八十八條、第九十七條第一項第二款、第二項及第一百零一條外；第二章第十節關於拒絕證書之規定，除第一百零八條第二項、第一百零九條及第一百十條外；均於支票準用之。

第五章　附　則

第144條之1　（刪除）

第145條

本法施行細則，由行政院定之。

第146條

本法自公布日施行。

附錄二　票據法施行細則

民國75年12月30日行政院令發布

第1條

本細則依票據法第一百四十五條規定訂定之。

第2條　（刪除）

第3條

票據上之金額，以號碼代替文字記載，經使用機械辦法防止塗銷者，視同文字記載。

第4條

票據為不得享有票據上權利或票據權利應受限制之人獲得時，原票據權利人得依假處分程序，聲請法院為禁止占有票據之人向付款人請求付款之處分。

第5條

票據權利人依本法第十八條規定為止付之通知時，應填具掛失止付通知書、載明左列事項、通知付款人。

一、票據喪失經過。

二、喪失票據之類別、帳號、號碼、金額及其他有關記載。

三、通知止付人之姓名、年齡、住所。其為機關、團體者，應於通知書上加蓋正式印信。其為公司、行號者，應加蓋正式印章，並由負責人簽名。個人應記明國民身分證字號。票據權利人為發票人時，並應使用原留印鑑。

付款人對通知止付之票據，應即查明，對無存款又未經允許墊借票據之止付通知，應不予受理。對存款不足或超過付款人允許墊借金額之票據，應先於其存款或允許墊借之額度內，予以止付。其後如再有存款或續允墊借時，仍應就原止付票據金額限度內，繼續予以止付。

票據權利人就到期日前之票據為止付通知時，付款人應先予登記，俟到期日後，再依前項規定辦理。其以票載發票日前之支票為止付通知者，亦同。

通知止付之票據如為業經簽名而未記載完成之空白票據，而於喪失後經補充

記載完成者，準依前兩項規定辦理，付款人應就票載金額限度內予以止付。經止付之金額，應由付款人留存，非依本法第十九條第二項之規定，或經占有票據之人及止付人之同意，不得支付或由發票人另行動用。

第6條

本法第十八條、第十九條規定，對業經付款人付款之票據不適用之。

第7條

票據權利人雖曾依本法第十八條第一項規定，向付款人為公示催告聲請之證明。但其聲請被駁回或撤回者，或其除權判決之聲請被駁回確定或撤回，或逾期未聲請除權判決者，仍有本法第十八條第二項規定之適用。

依本法第十八條第二項規定止付通知失其效力者，同一人不得對同一票據再為止付之通知。

第8條

票據得於其背面或黏單上加印格式，以供背書人填寫。但背書非於票背已無背書地位時，不得於黏單上為之。

第9條

依本法第六十五條第三項規定，應扣減之利息，其有約定利率者，依約定利率扣減，未約定利率者，依本法第二十八條第二項規定之利率扣減。

第10條

分期付款票據，受款人於逐次受領票款及利息時，應分別給予收據，並於票據上記明領取票款之期別、金額及日期。

第11條

有製作拒絕證書權限者，於受作成拒絕證書之請求時，應就本法第一百零七條第二款之拒絕事由，即時為必要之調查。

第12條

依本法第一百十三條規定，抄存於作成人事務所之拒絕證書，應載明匯票全文。

第13條　（刪除）

第14條

依本法得為特約或約定之事項，非載明於票據，不得以之對抗善意第三人。

第15條（刪除）

第16條（刪除）

第17條

本細則自發布日施行。

索引 INDEX

九　畫

十二畫

國家圖書館出版品預行編目資料

票據法——案例式／林洲富著. -- 初版.
-- 臺北市：五南圖書出版股份有限公司，
2021.11
　面；　公分
　ISBN 978-626-317-283-8（平裝）

1.票據法規

587.4　　　　　　　　110016965

1SB2

票據法——案例式

作　　者 ― 林洲富（134.2）

發 行 人 ― 楊榮川

總 經 理 ― 楊士清

總 編 輯 ― 楊秀麗

副總編輯 ― 劉靜芬

責任編輯 ― 林佳瑩

封面設計 ― 姚孝慈

出 版 者 ― 五南圖書出版股份有限公司

地　　址：106台北市大安區和平東路二段339號4樓

電　　話：(02)2705-5066　　傳　　真：(02)2706-6100

網　　址：https://www.wunan.com.tw

電子郵件：wunan@wunan.com.tw

劃撥帳號：01068953

戶　　名：五南圖書出版股份有限公司

法律顧問　林勝安律師事務所　林勝安律師

出版日期　2021年11月初版一刷

定　　價　新臺幣320元

經典永恆・名著常在

五十週年的獻禮 —— 經典名著文庫

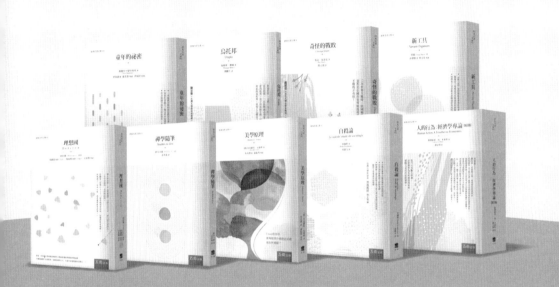

五南，五十年了，半個世紀，人生旅程的一大半，走過來了。

思索著，邁向百年的未來歷程，能為知識界、文化學術界作些什麼？

在速食文化的生態下，有什麼值得讓人雋永品味的？

歷代經典・當今名著，經過時間的洗禮，千錘百鍊，流傳至今，光芒耀人；

不僅使我們能領悟前人的智慧，同時也增深加廣我們思考的深度與視野。

我們決心投入巨資，有計畫的系統梳選，成立「經典名著文庫」，

希望收入古今中外思想性的、充滿睿智與獨見的經典、名著。

這是一項理想性的、永續性的巨大出版工程。

不在意讀者的眾寡，只考慮它的學術價值，力求完整展現先哲思想的軌跡；

為知識界開啟一片智慧之窗，營造一座百花綻放的世界文明公園，

任君遨遊、取菁吸蜜、嘉惠學子！